leicht gemacht

In dieser Reihe erhältlich:

Wok

Leicht, knackig und blitzschnell gerührt

Parragon

Bath • New York • Singapore • Hong Kong • Cologne • Delhi
Melbourne • Amsterdam • Johannesburg • Shenzhen

Entwurf und Realisation: Ivy Contract
Fotos: Charlie Paul

Parragon Books Ltd
Chartist House
15–17 Trim Street
Bath BA1 1HA, UK
www.parragon.com

Realisation der deutschen Ausgabe: trans texas publishing, Köln
Übersetzung: Melanie Schirdewahn, Köln u. a.
Korrektorat: Sebnem Yavuz, Erpel
Satz: Greiner & Reichel, Köln

ISBN 978-1-4748-0330-4

Printed in China

Hinweis

Sofern die Schale von Zitrusfrüchten benötigt wird, verwenden Sie unbedingt unbehandelte Früchte. Sind Zutatenmengen in Löffeln angegeben, ist immer ein gestrichener Löffel gemeint: Ein Teelöffel entspricht 5 ml, ein Esslöffel 15 ml.

Es sollte stets frisch gemahlener schwarzer Pfeffer verwendet werden. Einige Rezepte enthalten Nüsse. Allergiker sollten bei Rezepten, in denen Nüsse verarbeitet werden, die Nüsse weglassen.

Bei Eiern und einzelnen Gemüsesorten, z. B. Kartoffeln, verwenden Sie mittelgroße Exemplare. Kleinkinder, ältere Menschen, Schwangere, Rekonvaleszenten und gesundheitlich beeinträchtigte Personen sollten Rezepte mit rohen oder nur leicht gegarten Eiern meiden.

Die angegebenen Gar- und Zubereitungszeiten können von den tatsächlichen leicht abweichen, da je nach Zubereitungsart und Herdtyp Schwankungen auftreten.

Inhaltsverzeichnis

Einleitung

Einleitung

Gerichte aus dem Wok sind im Handumdrehen zubereitet und äußerst gesund. Der Wok – eine große, schüsselförmige Pfanne – ist überdies erstaunlich vielseitig einsetzbar: Man kann darin braten, frittieren, dämpfen, Eintöpfe kochen und natürlich pfannenrühren. Letzteres ist die in Südost- und Ostasien beliebteste Gartechnik. Hierbei wird das Gargut bei hoher Hitze schnell im Wok hin und her bewegt und aufgeworfen, sodass das Gemüse schön knackig bleibt und die leuchtende Farbe behält. Fleisch hingegen wird herrlich knusprig und zart, und Fisch bleibt saftig.

Gerade für Menschen mit chronischem Zeitmangel sind die schnell zubereiteten Wokgerichte also ideal. Vitamine und Nährstoffe werden zudem durch das kurze Garen geschont. Häufig wird kurz vor dem Servieren noch eine aromatische Sauce unter das Gericht gerührt, die

problemlos im Voraus zubereitet werden kann und der Speise zusätzlichen Pfiff verleiht.

Traditionell bestehen Woks aus unlegiertem Kohlenstoffstahl, doch inzwischen werden sie auch aus Gusseisen, Edelstahl oder Aluminium angeboten. Unlegierte Woks müssen vor Gebrauch eingebrannt werden. Hierzu wird der Wok zunächst mit Spülmittel abgeschrubbt, um die schützende Ölschicht zu entfernen, anschließend abgespült und nur leicht getrocknet. Den noch feuchten Wok bei geringer Hitze so lange auf der Kochstelle erwärmen, bis er vollkommen getrocknet ist. Ein wenig Öl hineingeben und mit Küchenpapier verteilen. Weitererhitzen, bis das Öl zu rauchen beginnt. Anschließend nochmals mit Öl einstreichen. Der Wok darf danach nicht mehr mit Spülmittel bearbeitet werden, sondern nur noch ausgewischt werden.

Damit Sie jederzeit ein Wokgericht improvisieren können, sollten die folgenden Zutaten in Ihrem Vorratsschrank stets griffbereit sein: Reis, verschiedene asiatische Nudeln, Erdnuss-, Sesam- und Pflanzenöl, Kokosmilch, Sojasauce, Wasserkastanien, Fischsauce, Currypasten, Gewürze und Speisestärke. Dann fehlen nur noch die frischen Zutaten, und Sie können im Nu köstliche Wokgerichte kreieren.

Worauf warten Sie noch? Nehmen Sie sich Ihren Wok, und los geht's!

Suppen & Vorspeisen

Thailändische Hühnersuppe

Suppen & Vorspeisen

Zutaten für 4–6 Personen

- 100 g asiatische Eiernudeln
- 1 EL Maiskeimöl
- 4 Hähnchenoberschenkel, gehäutet, entbeint und gewürfelt
- 1 Bund Frühlingszwiebeln, in Ringe geschnitten, grüne und weiße Teile separat
- 2 Knoblauchzehen, gehackt
- 2-cm-Stück Ingwerwurzel, fein gehackt
- 850 ml Hühnerbrühe
- 170 ml Kokosmilch
- 3 TL rote Thai-Currypaste
- 3 EL feine Erdnusscreme
- 2 EL helle Sojasauce
- Salz und Pfeffer
- 1 kleine rote Paprika, gehackt
- 50 g Erbsen, Tiefkühlware aufgetaut

So geht's

Die Nudeln in eine hitzebeständige Schüssel geben und etwa 4 Minuten in kochendem Wasser oder nach Packungsanleitung einweichen.

Unterdessen einen Wok auf mittlerer bis hoher Stufe vorheizen, dann das Öl hineingießen und erhitzen. Das gewürfelte Fleisch zugeben und 5 Minuten unter Rühren braten, bis die einzelnen Stücke gebräunt sind. Die weißen Teile der Frühlingszwiebeln, Knoblauch und Ingwer zugeben, 2 Minuten pfannenrühren.

Hühnerbrühe, Kokosmilch, Currypaste, Erdnusscreme und Sojasauce einrühren. Mit Salz und Pfeffer abschmecken. Kurz aufkochen, dann unter Rühren 8 Minuten köcheln lassen. Paprika, Erbsen und das Zwiebelgrün zufügen und weitere 2 Minuten garen.

Die Nudeln abgießen, in den Wok geben, untermischen und erhitzen. Die fertige Hühnersuppe in vorgewärmte Suppenschalen füllen und sofort servieren.

Klare Nudelsuppe mit Pilzen

Suppen & Vorspeisen

Zutaten für 4 Personen

- ½ Salatgurke
- 2 EL Pflanzenöl
- 2 Frühlingszwiebeln, fein gehackt
- 1 Knoblauchzehe, gehackt
- 125 g Riesenchampignons oder andere große Pilze, in dünne Scheiben geschnitten
- 600 ml Wasser
- 25 g Reisnudeln
- ¾ TL Salz
- 1 EL Sojasauce

So geht's

Die Gurke der Länge nach halbieren, die Samen mit einem Löffel herauskratzen und die Gurke in dünne Scheiben schneiden.

Das Öl in einem Wok erhitzen. Frühlingszwiebeln und Knoblauch zugeben und 30 Sekunden dünsten. Dann die Pilze zufügen und 2–3 Minuten pfannenrühren.

Das Wasser in den Wok gießen. Die Nudeln in kleine Stücke brechen und zugeben. Dann die Suppe unter Rühren aufkochen.

Gurkenscheiben, Salz und Sojasauce in den Wok geben und alles 2–3 Minuten köcheln lassen.

Die fertige Suppe in vorgewärmte Suppenschalen gießen – dabei Nudeln und Gemüse gleichmäßig verteilen – und sofort servieren.

Entensuppe mit Frühlingszwiebeln

Suppen & Vorspeisen

Zutaten für 4 Personen

- 2 Entenbrustfilets, mit Haut
- 2 EL rote Thai-Currypaste
- 2 EL Pflanzen- oder Erdnussöl
- 1 Bund Frühlingszwiebeln, gehackt
- 2 Knoblauchzehen, zerdrückt
- 5-cm-Stück Ingwerwurzel, gerieben
- 2 Karotten, in dünne Scheiben geschnitten
- 1 rote Paprika, in Streifen geschnitten
- 1 l Hühnerbrühe
- 2 EL süße Chilisauce
- 3–4 EL Sojasauce
- 400 g Strohpilze aus der Dose, abgetropft

So geht's

Die Entenhaut je drei- bis viermal mit einem scharfen Messer einschneiden und mit der Currypaste einreiben. Die Entenbrustfilets mit der Haut nach unten in einem vorgeheizten Wok etwa 2–3 Minuten bei starker Hitze anbraten. Wenden, die Hitze reduzieren und weitere 3–4 Minuten braten, bis das Fleisch durch ist. Herausnehmen und in dicke Scheiben schneiden. Warm stellen.

Unterdessen das Öl im Wok erhitzen. Die Hälfte der Frühlingszwiebeln, Knoblauch, Ingwer, Karotten und Paprika darin unter Rühren 2–3 Minuten andünsten. Die Brühe zugießen und Chilisauce, Sojasauce und Pilze untermengen. Einmal aufkochen, dann die Hitze reduzieren und alles 4–5 Minuten köcheln lassen.

Die Suppe in vorgewärmte Suppenschalen geben, die Entenscheiben auf die Schalen verteilen und das Ganze mit den restlichen Frühlingszwiebeln garnieren. Sofort servieren.

Thailändische Meeresfrüchtesuppe

Suppen & Vorspeisen

Zutaten für 4 Personen

- 1,25 l Fischfond
- 1 Stängel Zitronengras, längs halbiert
- abgeriebene Schale von ½ unbehandelten Limette oder 1 Kaffir-Limettenblatt
- 2,5-cm-Stück Ingwerwurzel, in Scheiben geschnitten
- ¼ TL Chilipaste, plus etwas mehr zum Nachwürzen
- 200 g große, rohe Garnelen, ausgelöst, aber mit Schwanzenden
- 4–6 Frühlingszwiebeln, in Ringe geschnitten
- Salz
- 250 g ausgelöste Jakobsmuscheln (16–20 Stück), gesäubert
- 2 EL frische Korianderblätter
- frische rote Chiliringe, zum Garnieren

So geht's

Fischfond, Zitronengras, Limettenschale, Ingwer und Chilipaste in einen Wok geben. Kurz aufkochen, dann die Hitze reduzieren und das Ganze abgedeckt etwa 10–15 Minuten köcheln lassen.

Die Garnelen der Länge nach halbieren, dabei das Schwanzende nicht durchschneiden.

Die Brühe abseihen, in den Wok zurückgießen und langsam erhitzen, aber nicht kochen. Die Frühlingszwiebeln zufügen und 2–3 Minuten mitgaren. Dann die Suppe salzen und nach Belieben mit Chilipaste nachwürzen.

Muscheln und Garnelen in die Suppe geben und etwa 2 Minuten ziehen lassen.

Die fertige Meeresfrüchtesuppe in Suppenschalen geben, Garnelen und Muscheln dabei gleichmäßig verteilen. Mit den Korianderblättern bestreuen und mit Chiliringen garniert sofort servieren.

Scharfsaure Suppe

Suppen & Vorspeisen

Zutaten für 4 Personen

- 2 große Shiitake-Pilze
- 1,25 l Hühnerbrühe
- 150 g Schweinefilet, in feine Streifen geschnitten
- 25 g Bambussprossen in Scheiben aus der Dose, abgespült und abgetropft
- 100 g schnittfester Tofu, in 1 cm große Würfel geschnitten
- 1 EL chinesischer Reiswein oder trockener Sherry
- 2 TL helle Sojasauce
- 1 EL Reisessig
- ¼ TL frisch gemahlener weißer Pfeffer (nach Belieben)
- 2 Frühlingszwiebeln mit etwas Grün, schräg in Ringe geschnitten
- einige Tropfen Sesamöl, zum Garnieren

So geht's

Die harten Pilzstiele entfernen und die Kappen in sehr feine Streifen schneiden. Die Streifen halbieren.

Die Brühe in einen großen Wok geben und aufkochen. Die Hitze reduzieren, die Pilze hinzufügen und 5 Minuten köcheln lassen. Fleisch, Bambussprossen und Tofu dazugeben und weitere 5 Minuten sanft köcheln lassen. Reiswein, Sojasauce, Essig und Pfeffer unterrühren und noch 1 Minute köcheln lassen.

Die Suppe in Suppenschalen geben, mit den Frühlingszwiebeln und einigen Tropfen Sesamöl garnieren.

Rindfleisch mit Gemüse

Suppen & Vorspeisen

Zutaten für 4 Personen

- 2 EL Pflanzen- oder Erdnussöl
- 2 rote Zwiebeln, in feine Ringe geschnitten
- 2 Knoblauchzehen, gehackt
- 2,5-cm-Stück Ingwerwurzel, in feine Stifte geschnitten
- 250 g Rinderfilet, in Streifen geschnitten
- 1 grüne Paprika, in Streifen geschnitten
- 150 g Bambussprossen aus der Dose
- 150 g Bohnensprossen
- 2 EL Thai-Würzpaste (siehe unten)
- 1 EL rote Thai-Curry-paste
- 1 Handvoll frischer Koriander, gehackt
- einige Stängel Thai-Basilikum
- gekochter Reis, zum Servieren

Thai-Würzpaste

- 1 Knoblauchknolle, Zehen geschält
- 1 Bund frischer Koriander, grob gehackt
- 50 g weiße Pfefferkörner

So geht's

Für die Würz-Paste alle Zutaten im Mixer zu einer dicken Paste verarbeiten. (Falls die Paste nicht sofort verwendet wird, kann sie eingefroren oder bis zu 3 Tage im Kühlschrank aufbewahrt werden.)

Das Öl in einem Wok erhitzen und Zwiebeln, Knoblauch und Ingwer darin 1 Minute unter Rühren anbraten. Die Rindfleischstreifen zugeben und bei starker Hitze unter Wenden rundum anbräunen.

Das Gemüse und die beiden Pasten zugeben, alles gründlich vermengen und unter Rühren 2–3 Minuten garen.

Koriander und Basilikum untermischen und sofort mit dem gekochten Reis servieren.

Variation

Sie können die grüne Paprika auch durch Zuckererbsen ersetzen. Geben Sie noch einige Wasserkastanien hinzu, die für den nötigen Biss sorgen.

Teigtaschen mit Schweinefleisch

Suppen & Vorspeisen

Zutaten für 16 Stück

- 350 g Schweinehackfleisch
- 2 EL fein gehackter frischer Koriander
- 1 Knoblauchzehe, zerdrückt
- 1 frischer grüner Chili, entkernt und gehackt
- 3 EL Speisestärke
- 1 Eiweiß
- ½ TL Salz
- 16 Wantan-Teigblätter
- 1 EL Wasser
- Pflanzen- oder Erdnussöl, zum Frittieren
- Chilisauce, zum Servieren

So geht's

Das Hackfleisch in eine Schüssel geben und mit Koriander, Knoblauch, Chili, 1 Esslöffel Speisestärke, Eiweiß und Salz zu einer glatten Masse vermengen. Aus der Fleischmasse mit angefeuchteten Händen 16 etwa gleich große Bällchen formen.

Je ein Hackfleischbällchen in die Mitte jedes Teigblatts legen. In einer Schale die übrige Speisestärke mit dem Wasser zu einer Paste verrühren. Die Ränder der Teigblätter mit der Speisestärkepaste bestreichen. 8 Teigblätter diagonal über der Füllung zusammenklappen und zu Dreiecken falten, die Ränder festdrücken; die übrigen 8 zu zu kleinen Säckchen zusammendrücken.

Die Teigtaschen portionsweise nebeneinander in einen Dämpfeinsatz legen und 10–15 Minuten über siedendem Wasser dämpfen, bis das Fleisch gar ist.

Einen großen Wok auf starker Stufe vorheizen, reichlich Öl hineingießen und auf 180 °C erhitzen (ein Brotwürfel bräunt darin in 30 Sekunden). Die Teigtaschen vorsichtig hineingeben und 2–3 Minuten frittieren, bis sie goldbraun sind. Herausnehmen und auf Küchenpapier abtropfen lassen.

Mit Chilisauce heiß servieren.

Hackbällchen mit Zwiebelsauce

Suppen & Vorspeisen

Zutaten für 36 Stück

- 450 g Lammhackfleisch
- 1 Knoblauchzehe, fein gehackt
- 1 TL fein gehackte frische Ingwerwurzel
- 1½ EL Sojasauce
- 1 TL chinesischer Reiswein
- ½ TL Salz
- ½ TL Zucker
- ½ TL frisch gemahlener weißer Pfeffer
- ½ EL Speisestärke
- 1 Ei, verquirlt
- Erdnussöl, zum Braten
- Chinakohl, in feine Streifen geschnitten, zum Servieren
- frisch gehackter chinesischer Schnittlauch, zum Garnieren

Frühlingszwiebelsauce

- 4 EL fein gehackte Frühlingszwiebeln
- 4 EL fein gehackte frische Ingwerwurzel
- 2 EL helle Sojasauce
- 1 TL Reisessig
- 4 EL Rapsöl

So geht's

Hackfleisch, Knoblauch und Ingwer in einer Schüssel vermengen. Sojasauce, Reiswein, Salz, Zucker, Pfeffer und Speisestärke in einer Schale zu einer dünnen Paste anrühren und zusammen mit dem Ei sorgfältig mit einer Gabel in die Hackfleischmischung einarbeiten. Zwischen den Handflächen walnussgroße Portionen der Masse zu Kugeln formen.

Einen Wok auf starker Stufe vorheizen, dann das Öl hineingeben und erhitzen. Kurz bevor es zu rauchen beginnt, die Fleischbällchen portionsweise hineingeben und 1½ Minuten anbräunen. Auf zerknülltem Küchenpapier abtropfen lassen.

Für die Sauce die Zutaten in einer Schüssel vermischen und gründlich verquirlen, bis sie sich gut verbunden haben.

Die Fleischbällchen auf dem Chinakohl anrichten und mit Schnittlauch garnieren. Die Sauce in zwei Servierschalen füllen und zu den Fleischbällchen reichen.

Gebratene Krebsfleischröllchen

Suppen & Vorspeisen

Zutaten für 20 Stück

- 350 g weißes Krebsfleisch aus der Dose, abgetropft
- 1 frischer roter Chili, entkernt und gehackt
- 4 Frühlingszwiebeln, in feine Ringe geschnitten
- 1 EL rote Thai-Currypaste
- Saft von ½ Limette
- ½ TL Salz
- 20 Wantan-Teigblätter
- Öl, zum Braten

Dip

- 50 g Zucker
- 2 EL Wasser
- 2 EL Reisessig
- 3 Ingwerpflaumen, in Scheiben geschnitten
- 1 EL Ingwersirup aus dem Ingwerpflaumen-Glas

So geht's

Das Krebsfleisch mit Chili, Frühlingszwiebeln sowie Currypaste in eine Schüssel geben. Limettensaft und Salz zugeben und alles gut vermengen.

Die Wantan-Teigblätter stapeln und etwas Krebsfleischmischung in die Mitte des obersten Teigblattes geben. Die Ränder mit etwas Wasser bepinseln. Die Teigseiten einschlagen und das Teigblatt zu einem zylinderförmigen Päckchen aufrollen. Mit den restlichen Teigblättern ebenso verfahren.

Reichlich Öl in einem Wok erhitzen und die Teigröllchen darin portionsweise rundum goldbraun anbraten. Auf Küchenpapier abtropfen lassen.

Für den Dip alle Zutaten in einen kleinen Topf geben und bei niedriger Hitze unter Rühren erwärmen, bis sich der Zucker vollständig aufgelöst hat. Warm zu den Teigröllchen servieren.

Hühnchen-Karaage

Suppen & Vorspeisen

Zutaten für 4 Personen

- 6 Hähnchenschenkel (à 100 g), entbeint und ohne Haut
- 4 EL japanische Sojasauce (Shoyu)
- 4 EL Mirin (Reiswein)
- 2 TL fein geriebene frische Ingwerwurzel
- 2 Knoblauchzehen, zerdrückt
- Öl, zum Frittieren
- 70 g Speisestärke
- 1 Prise Salz
- Zitronenspalten, zum Servieren

So geht's

Das Hühnchenfleisch in große Würfel schneiden und in eine Schale geben. Sojasauce, Mirin, Ingwer sowie Knoblauch zufügen und die Hühnchenwürfel darin wenden. Mit Frischhaltefolie abgedeckt mindestens 20 Minuten zum Marinieren kalt stellen.

Den Wok vorheizen und bis zu einem Drittel mit Öl füllen, alternativ eine Fritteuse verwenden. Das Öl auf 180–190 °C erhitzen (ein Brotwürfel bräunt darin in 30 Sekunden).

Unterdessen Speisestärke und Salz in einer Schüssel verrühren. Das Hühnchenfleisch aus der Marinade nehmen und abtropfen lassen. In der Speisestärke wenden, die überschüssige Stärke abschütteln.

Die Hühnchenteile portionsweise 6 Minuten frittieren, bis sie knusprig und braun sind. Auf Küchenpapier abtropfen lassen und warm halten, bis alle Hühnchenwürfel frittiert sind.

Heiß mit Zitronenspalten servieren.

Fleisch-Garnelen-Päckchen

Suppen & Vorspeisen

Zutaten für 20 Stück

- 125 g schnittfester Tofu
- 3 EL Pflanzen- oder Erdnussöl
- 1 TL fein gehackter Knoblauch
- 50 g mageres Schweinefleisch, grob gehackt
- 125 g rohe Garnelen, ausgelöst
- ½ kleine Karotte, in feine Stifte geschnitten
- 50 g Bambussprossen, frisch oder aus der Dose, abgespült und in Stifte geschnitten (frische Sprossen 30 Min. in Wasser kochen)
- 125 g Weißkohl, fein gehobelt
- 50 g Zuckererbsen, in feine Streifen geschnitten
- 1 Omelett, in feine Streifen geschnitten
- 1 TL Salz
- 1 TL helle Sojasauce
- 1 TL Shaoxing-Reiswein
- 1 Prise weißer Pfeffer
- 20 Crêpes oder kleine Pfannkuchen (Fertigprodukt)
- scharfe asiatische Chilisauce, zum Bestreichen und Servieren

So geht's

Den Tofu in dünne Scheiben schneiden und in 1 Esslöffel Öl goldbraun braten. In dünne Stifte schneiden und beiseitestellen.

Das restliche Öl im Wok erhitzen und den Knoblauch darin schwenken, bis er zu duften beginnt. Das Hackfleisch darin etwa 1 Minute anbraten. Die Garnelen zugeben und 1 weitere Minute unter Rühren braten.

Nacheinander Karotte, Bambussprossen, Kohl, Zuckererbsen, Tofu und Omelettstreifen unterrühren.

Mit Salz, Sojasauce, Reiswein und Pfeffer abschmecken und 1 weitere Minute unter Rühren braten. Danach in eine Servierschüssel geben.

Die Crêpes mit etwas Chilisauce bestreichen und jeweils 1 gehäuften Teelöffel Füllung daraufgeben. Den unteren Teigrand einmal um die Füllung legen, dann die beiden Seiten einschlagen und das Ganze fest aufrollen. Mit der Chilisauce servieren.

Knuspriger „Seetang"

Suppen & Vorspeisen

Zutaten für 4 Personen

- 1 kg Pak Choi
- 850 ml Pflanzen- oder Erdnussöl, zum Frittieren
- 1 TL Salz
- 1 EL Zucker
- 80 g Pinienkerne, geröstet

So geht's

Die Pak-Choi-Blätter unter fließend kaltem Wasser abspülen und trocken tupfen. Die zähen äußeren Blätter entfernen.

Den Rest der Blätter aufrollen und in schmale Streifen schneiden oder in der Küchenmaschine zerschneiden.

Das Öl im Wok auf 180 °C erhitzen (ein Brotwürfel bräunt darin in 30 Sekunden). Die Pak-Choi-Streifen portionsweise hineingeben und 30 Sekunden frittieren, bis sie zusammenfallen und knusprig werden. Auf Küchenpapier gründlich abtropfen lassen.

Den Pak Choi in eine Schüssel füllen. Salz, Zucker und Pinienkerne untermengen und den fertigen „Seetang" sofort servieren.

Teigtaschen mit Kartoffelfüllung

Zutaten für 4 Personen

- 2 EL Pflanzen- oder Erdnussöl
- 250 g Kartoffeln, in Würfel geschnitten und 5 Minuten gekocht
- 2 Knoblauchzehen, zerdrückt
- 1 Zwiebel, gehackt
- 2 EL grüne Thai-Currypaste
- 50 g Erbsen, Tiefkühlware aufgetaut
- Saft von 1 Limette
- ½ TL Salz
- 16 Wantan-Teigblätter
- 1 Ei, verquirlt
- Pflanzen- oder Erdnussöl, zum Frittieren
- süße Chilisauce oder Sojasauce, zum Servieren

So geht's

Das Öl in einem Wok erhitzen. Kartoffeln, Knoblauch, Zwiebel und Currypaste darin unter Rühren hellbraun anbraten. Erbsen, Limettensaft und Salz untermengen und alles unter Rühren weitere 1–2 Minuten garen. Vom Herd nehmen.

Ein Wantan-Teigblatt mit Ei bestreichen und 1 Teelöffel Kartoffelfüllung in die Mitte geben. Die Seiten des Teigblatts hochklappen, sodass sie einen kleinen Beutel bilden, und fest zusammendrücken, um die Füllung gut einzuschließen. Mit den restlichen Teigblättern ebenso verfahren.

Reichlich Öl im Wok auf 180 °C erhitzen (ein Brotwürfel bräunt darin in 30 Sekunden). Die Teigtaschen darin portionsweise je 3–4 Minuten frittieren, bis sie goldbraun und knusprig sind. Auf Küchenpapier abtropfen lassen und warm stellen, bis alle Teigtaschen fertig sind.

Heiß servieren, dazu Chili- oder Sojasauce zum Dippen reichen.

Wantans mit Fleisch-Füllung

Suppen & Vorspeisen

Zutaten für 12–15 Stück

- 12–15 Wantan-Teigblätter
- Erdnussöl, zum Frittieren

Füllung

- 150 g mageres Rinderfilet oder Rumpsteak, durch den Fleischwolf gedreht oder sehr fein gehackt
- 1 Frühlingszwiebel, fein gehackt
- 2 Champignons, fein gehackt
- 1 kleine Knoblauchzehe, fein gehackt
- ½ TL fein gehackte frische Ingwerwurzel
- ½ TL Sojasauce
- ¼ TL Salz
- ¼ TL frisch gemahlener weißer Pfeffer
- 1 große Prise chinesisches Fünf-Gewürze-Pulver
- ½ TL Speisestärke
- 1 kleines Ei, verquirlt

Soja-Ingwer-Dip

- 3 TL Sojasauce
- 2 EL sehr fein gehackte frische Ingwerwurzel

So geht's

Für die Füllung Fleisch, Frühlingszwiebel, Pilze, Knoblauch und Ingwer vermengen. Sojasauce, Salz, Pfeffer, Fünf-Gewürze-Pulver und Speisestärke zu einer dünnen Paste anrühren und in die Rindfleischmischung einarbeiten. Die Eimasse untermischen.

Die Wantan-Teigblätter mit den Spitzen nach unten zeigend auf eine Arbeitsfläche legen. Mit einem feuchten Tuch abdecken. Die Wantans einzeln zubereiten: Dazu 1 Teelöffel Füllung 1 cm über der unteren Spitze auf das Teigblatt geben. Die untere Spitze über die Füllung schlagen und das Teigblatt zu zwei Dritteln aufrollen. Die seitlichen Spitzen mit Wasser befeuchten, über die Füllung schlagen und vorsichtig aufeinanderdrücken. Die restlichen Zutaten auf dieselbe Weise verarbeiten.

Für den Soja-Ingwer-Dip die Zutaten in einer Schale verrühren und 15 Minuten ruhen lassen. Einen Wok auf starker Stufe vorheizen. Reichlich Öl hineingeben und auf 180 °C erhitzen (ein Brotwürfel bräunt darin in 30 Sekunden). Die Wantans 4–5 Minuten frittieren, bis sie goldbraun sind. Mit einer Küchenzange aus dem heißen Fett nehmen und auf zerknülltem Küchenpapier abtropfen lassen. Mit dem Dip servieren.

Tempura

Suppen & Vorspeisen

Zutaten für 4 Personen

- 150 g Tempura-Mischung (Asia-Shop)
- 4 Shiitake-Pilze
- 4 grüne Spargelstangen
- 4 Süßkartoffelscheiben
- 1 rote Paprika, in Streifen geschnitten
- 4 quer geschnittene Zwiebelscheiben
- Öl, zum Frittieren

Dip

- 2 TL Mirin (Reiswein)
- 1 EL japanische Sojasauce
- 1 Prise Dashi-Pulver (Asia-Shop), in 2 EL kochendem Wasser aufgelöst

So geht's

Für den Dip alle Zutaten in einer Schale vermengen.

Die Tempura-Mischung gemäß Packungsanweisung mit Wasser zubereiten. Der Teig sollte ein wenig klumpig sein. Die Gemüsestücke im Teig wenden.

Den Wok vorheizen und zu zwei Dritteln mit Öl füllen, alternativ eine Fritteuse verwenden. Reichlich Öl auf 180 °C erhitzen (ein Brotwürfel bräunt darin in 30 Sekunden).

Aus dem Teig 2–3 Gemüsestücke herausnehmen und 2–3 Minuten im heißen Öl frittieren, bis der Teig hellgoldbraun ist. Auf Küchenpapier abtropfen lassen und warm stellen, während die anderen Gemüsestücke frittiert werden.

Mit dem Dip servieren.

Knusprige Sesamgarnelen

Suppen & Vorspeisen

Zutaten für 4 Personen

- 125 g Mehl
- 1 TL Backpulver
- 3 EL trocken geröstete Sesamsaat
- 1 TL rote Thai-Currypaste
- 1 EL Fischsauce
- 150 ml Wasser
- Pflanzen- oder Erdnussöl, zum Frittieren
- 20 große, rohe Garnelen, ausgelöst, aber mit Schwanzenden
- Chilisauce, zum Dippen

So geht's

Mehl, Backpulver und Sesam in einer großen Schüssel vermengen. Currypaste, Fischsauce und Wasser in einer separaten Schüssel verrühren. Nach und nach zum Mehl gießen und zu einem dickflüssigen Teig verrühren.

Reichlich Öl im Wok auf 180 °C erhitzen (ein Brotwürfel bräunt darin in 30 Sekunden). Dann die Garnelen am Schwanzende fassen, einzeln in den Teig tauchen und vorsichtig ins heiße Öl geben. 2–3 Minuten frittieren, bis sie knusprig braun sind.

Auf Küchenpapier abtropfen lassen und sofort mit Chilisauce servieren.

Vegetarische Frühlingsrollen

Suppen & Vorspeisen

Zutaten für 20 Stück

- 6 getrocknete chinesische Pilze, 20 Min. in warmem Wasser eingeweicht
- 50 g Glasnudeln, 20 Min. in warmem Wasser eingeweicht
- 2 EL Pflanzen- oder Erdnussöl
- 1 EL fein gehackte frische Ingwerwurzel
- 100 g Karotte, in feine Stifte geschnitten
- 100 g Weißkohl, fein gehobelt
- 1 EL fein gehackte Frühlingszwiebel
- 1 EL helle Sojasauce
- 100 g weicher Tofu, in kleine Würfel geschnitten
- ½ TL Salz
- 1 Prise weißer Pfeffer
- 1 Prise Zucker
- 20 Frühlingsrollen-Teigblätter
- 1 Eiweiß, leicht verquirlt
- Pflanzen- oder Erdnussöl, zum Frittieren
- dunkle Sojasauce, zum Dippen

So geht's

Die Pilze gründlich ausdrücken, die harten Stiele entfernen und die Hüte fein hacken. Die Nudeln abtropfen lassen und grob hacken.

Das Öl in einem Wok erhitzen und den Ingwer darin schwenken, bis er zu duften beginnt. Die Pilze etwa 2 Minuten unter Rühren anbraten. Karotten, Kohl und Frühlingszwiebel zugeben und 1 Minute pfannenrühren. Glasnudeln und Sojasauce 1 Minute mitbraten. Den Tofu zufügen und 1 weitere Minute braten. Mit Salz, Pfeffer und Zucker abschmecken. 1–2 Minuten weiterrühren. Vom Herd nehmen und abkühlen lassen.

Jeweils 1 knappen Esslöffel Gemüsemischung schräg in der Mitte jedes Teigblatts verteilen. Die untere Ecke darüberlegen. Die beiden Seiten einschlagen und das Ganze fest aufrollen. Die obere Ecke mit Eiweiß bestreichen, einschlagen und andrücken. Die Rollen sollten eine Länge von etwa 10 cm haben.

Reichlich Öl im Wok auf 180 °C erhitzen (ein Brotwürfel bräunt darin in 30 Sekunden). Die Frühlingsrollen portionsweise etwa 5 Minuten frittieren, bis sie goldbraun und knusprig sind. Mit Sojasauce als Dip servieren.

Frittierte Frühlingsrollen

Suppen & Vorspeisen

Zutaten für 25 Stück

- 6 getrocknete chinesische Pilze, 20 Min. in warmem Wasser eingeweicht
- 1 EL Pflanzen- oder Erdnussöl
- 250 g Schweinehackfleisch
- 1 TL dunkle Sojasauce
- 100 g Bambussprossen, frisch oder aus der Dose, abgespült und in Stifte geschnitten (frische Sprossen 30 Min. in Wasser kochen)
- 1 Prise Salz
- 100 g rohe Garnelen, ausgelöst, aber mit Schwanzenden
- 250 g Bohnensprossen, abgespült und grob gehackt
- 1 EL fein gehackte Frühlingszwiebel
- 25 Frühlingsrollen-Teigblätter
- 1 Eiweiß, leicht verquirlt
- Pflanzen- oder Erdnussöl, zum Frittieren

So geht's

Die Pilze gut ausdrücken, die harten Stiele entfernen und die Hüte in feine Streifen schneiden.

Das Öl im Wok erhitzen und das Hackfleisch unter Rühren leicht anbräunen. Sojasauce, Bambussprossen, Pilze und Salz zugeben und alles bei starker Hitze 3 Minuten unter Rühren anbraten.

Die Garnelen zufügen und 2 Minuten mitbraten. Die Bohnensprossen zugeben und 1 weitere Minute garen. Den Wok vom Herd nehmen und die Frühlingszwiebeln unterrühren. Abkühlen lassen.

Jeweils 1 Esslöffel Hackfleischmischung schräg in der Mitte jedes Teigblatts verteilen. Die untere Ecke darüberlegen. Die beiden Seiten einschlagen und das Ganze dann fest aufrollen. Die obere Ecke mit etwas Eiweiß bestreichen, einschlagen und andrücken.

Reichlich Öl im Wok auf 180 °C erhitzen (ein Brotwürfel bräunt darin in 30 Sekunden). Die Frühlingsrollen portionsweise etwa 5 Minuten goldbraun und knusprig frittieren.

Garnelen im Knusperteig

Suppen & Vorspeisen

Zutaten für 16 Stück

- 6 große, gegarte Garnelen
- Saft von 1 Limette
- 16 Wantan-Teigblätter
- 4 EL Chilisauce
- Pflanzen- oder Erdnussöl, zum Frittieren
- Pflaumensauce, zum Servieren

So geht's

Die Garnelen auslösen, dabei aber die Schwanzenden intakt lassen. Die Darmfäden entfernen. In eine Schüssel geben und im Limettensaft wenden. 30 Minuten an einem kühlen Ort durchziehen lassen.

Ein Teigblatt mit etwas Chilisauce bestreichen. Eine Garnele diagonal so darauflegen, dass der Schwanz übersteht. Die untere Ecke des Teigblatts über die Garnele falten, die obere Ecke des Teigblattes ebenfalls darüberschlagen und dann die ganze Garnele so einrollen, dass das Schwanzende noch heraussteht. Mit den restlichen Garnelen und Teigblättern ebenso verfahren.

Reichlich Öl in einem Wok auf 180 °C erhitzen (ein Brotwürfel bräunt darin in 30 Sekunden). Dann die Garnelen darin portionsweise knusprig goldbraun frittieren. Heiß mit Pflaumensauce zum Dippen servieren.

Wantans

Suppen & Vorspeisen

Zutaten für 4 Personen

Füllung
- 2 EL Pflanzen- oder Erdnussöl
- 6 Frühlingszwiebeln, gehackt
- 125 g Champignons, gehackt
- 50 g feine grüne Bohnen, gehackt
- 50 g Maiskörner aus der Dose, abgetropft
- 1 Ei, verquirlt
- 3 EL Sojasauce
- 1 EL Palmzucker oder brauner Zucker
- ½ TL Salz

Wantans
- 24 Wantan-Teigblätter
- 1 Ei, verquirlt
- Pflanzen- oder Erdnussöl, zum Frittieren
- Pflaumen- oder Chilisauce, zum Servieren

So geht's

Für die Füllung das Öl im Wok erhitzen und Frühlingszwiebeln, Champignons und Bohnen darin 1–2 Minuten unter Rühren weich dünsten. Den Mais einrühren und das Gemüse an den Rand schieben.

Das Ei in den Wok gießen und unter Rühren leicht stocken lassen, dann das Gemüse mit dem Ei vermengen und Sojasauce, Zucker und Salz unterrühren. Den Wok vom Herd nehmen.

Die Wantan-Teigblätter auf eine Arbeitsfläche stapeln. 1 Teelöffel Füllung auf das oberste Teigblatt geben. Die Ränder mit verquirltem Ei bestreichen und das Teigblatt diagonal zu einer dreieckigen Tasche falten. Mit den restlichen Teigblättern ebenso verfahren.

Reichlich Öl im Wok auf 180 °C erhitzen (ein Brotwürfel bräunt darin in 30 Sekunden). Die Teigtaschen portionsweise 3–4 Minuten goldbraun frittieren. Mit einem Schaumlöffel aus dem Wok nehmen und auf Küchenpapier abtropfen lassen.

Heiß mit Pflaumen- oder Chilisauce servieren.

Garnelentoasts

Suppen & Vorspeisen

Zutaten für 16 Stück

- 100 g rohe Garnelen, ausgelöst
- 2 Eiweiß
- 2 EL Speisestärke
- ½ TL Zucker
- 1 Prise Salz
- 2 EL frisch gehackte Korianderblätter
- 2 Scheiben Weißbrot vom Vortag
- Pflanzen- oder Erdnussöl, zum Frittieren

So geht's

Die Garnelen im Mörser oder mit der flachen Klinge eines großen Messers zerdrücken.

Garnelen, 1 Eiweiß und 1 Esslöffel Speisestärke in einer Schale vermengen. Zucker, Salz und Koriander unterrühren. Das zweite Eiweiß mit der restlichen Speisestärke verrühren.

Die Brotscheiben von den Rinden befreien und jede Scheibe in 8 Dreiecke schneiden. Eine Seite erst mit der Eiweiß-Speisestärke-Mischung bestreichen, dann gleichmäßig mit einer teelöffelgroßen Portion Garnelenmasse.

Reichlich Öl im Wok auf 180 °C erhitzen (ein Brotwürfel bräunt darin in 30 Sekunden). Die Garnelentoasts portionsweise mit der bestrichenen Seite nach oben etwa 2 Minuten frittieren. Dann wenden und weitere 2 Minuten frittieren, bis sie goldgelb sind.

Auf Küchenpapier abtropfen lassen und warm servieren.

Fleisch & Geflügel

Rindfleisch mit Brokkoli

Fleisch & Geflügel

Zutaten für 4–6 Personen

- 350 g Rinderfiletsteak, in feine Streifen geschnitten
- 200 g Brokkoliröschen
- 2 EL Pflanzen- oder Erdnussöl
- 1 Knoblauchzehe, fein gehackt
- 1 TL fein gehackte frische Ingwerwurzel
- 1 kleine Zwiebel, in feine Streifen geschnitten
- 1 TL Salz
- 1 TL helle Sojasauce

Marinade

- 1 EL helle Sojasauce
- 1 TL Sesamöl
- 1 TL Shaoxing-Reiswein
- 1 TL Zucker
- 1 Prise weißer Pfeffer

So geht's

Für die Marinade alle Zutaten verrühren. Das Fleisch in eine Schüssel geben, die Marinade zufügen und das Fleisch 1 Stunde marinieren, dabei ab und zu wenden. Die Brokkoliröschen in kochendem Wasser 30 Sekunden blanchieren. Abtropfen lassen und beiseitestellen.

Im vorgeheizten Wok 1 Esslöffel Öl erhitzen. Knoblauch, Ingwer und Zwiebel darin 1 Minute pfannenrühren. Den Brokkoli zugeben und 1 Minute mitbraten. Aus dem Wok nehmen und beiseitestellen.

Das restliche Öl im sauberen Wok erhitzen und die Fleischstreifen darin unter Rühren braten. Das Gemüse mit Salz und Sojasauce in den Wok geben und unter Rühren garen, bis alle Zutaten wieder heiß sind. Sofort servieren.

Chop Suey mit Rindfleisch

Fleisch & Geflügel

Zutaten für 4 Personen

- 1 Brokkoli, in kleine Röschen zerteilt
- 2 EL Pflanzen- oder Erdnussöl
- 450 g Rumpsteak, in feine Streifen geschnitten
- 1 Zwiebel, in Ringe geschnitten
- 2 Selleriestangen, schräg in feine Scheiben geschnitten
- 250 g Zuckererbsen, längs halbiert
- 50 g Bambussprossen, frisch oder aus der Dose, abgespült und in Stifte geschnitten (frische Sprossen 30 Min. kochen)
- 8 Wasserkastanien, in feine Scheiben geschnitten
- 250 g Champignons, in feine Scheiben geschnitten
- 1 EL Austernsauce
- 1 TL Salz
- gekochter Reis, zum Servieren

Marinade

- 1 EL Shaoxing-Reiswein
- 1 Prise weißer Pfeffer
- 1 Prise Salz
- 1 EL helle Sojasauce
- ½ TL Sesamöl

So geht's

Für die Marinade alle Zutaten in einer großen Schüssel verrühren und das Fleisch darin 20 Minuten marinieren. Den Brokkoli in einem Topf mit kochendem Wasser etwa 30 Sekunden blanchieren. Abtropfen lassen und beiseitestellen.

Im Wok 1 Esslöffel Öl erhitzen und die Fleischstreifen darin unter Rühren anbraten, bis sie braun sind. Herausnehmen und beiseitestellen.

Das restliche Öl im sauberen Wok erhitzen und die Zwiebel etwa 1 Minute darin schwenken. Sellerie und Brokkoli zugeben und 2 Minuten pfannenrühren. Dann Zuckererbsen, Bambussprossen, Wasserkastanien und Pilze zufügen und 1 Minute unter Rühren braten. Die Rindfleischstreifen wieder in den Wok geben und mit Austernsauce und Salz würzen. Sofort mit dem Reis servieren.

Rindfleisch mit Zwiebeln

Fleisch & Geflügel

Zutaten für 4 Personen

- 2 EL Pflanzen- oder Erdnussöl
- 2 EL grüne Thai-Currypaste
- 350 g Rumpsteak, in feine Streifen geschnitten
- 2 Zwiebeln, in Ringe geschnitten
- 6 Frühlingszwiebeln, gehackt
- 2 Schalotten, fein gehackt
- 250 g Brokkoliröschen
- 400 ml Kokosmilch
- 3 Kaffir-Limettenblätter, fein gehackt
- 4 EL frisch gehackter Koriander
- einige Thai-Basilikumblätter

So geht's

Das Öl im Wok erhitzen und die Currypaste darin unter Rühren 1–2 Minuten braten. Das Fleisch zugeben und unter Rühren hellbraun anbraten.

Zwiebeln, Frühlingszwiebeln und Schalotten zugeben und 2–3 Minuten mitbraten. Den Brokkoli zugeben und alles unter Rühren weitere 2–3 Minuten braten.

Die Kokosmilch zugießen, die Limettenblätter zufügen und alles kurz aufkochen, dann 8–10 Minuten bei geringer Hitze köcheln lassen, bis das Fleisch gar ist. Koriander und Basilikum unterrühren und sofort servieren.

Tofu mit Hackfleisch

Fleisch & Geflügel

Zutaten für 4 Personen

- 450 g Tofu
- 2 EL Pflanzen- oder Erdnussöl
- 1 TL Sichuan-Pfefferkörner
- 100 g Rinderhackfleisch
- 2 EL Chili-Bohnen-Sauce
- 1 TL eingelegte schwarze Bohnen, abgespült und leicht zerdrückt
- 100 ml heiße Hühnerbrühe
- 1 Prise Zucker
- 1 TL helle Sojasauce
- 1 Prise Salz
- 2 EL schräg in Stücke geschnittene Frühlingszwiebeln

So geht's

Den Tofu in 2 cm große Würfel schneiden und in einen großen Topf geben. Mit kochendem Wasser bedecken und ruhen lassen.

Das Öl im vorgeheizten Wok sehr stark erhitzen. Die Pfefferkörner darin schwenken, bis sie zu duften beginnen. Das Hackfleisch untermengen und pfannenrühren, bis es gut gebräunt und kross ist.

Die Hitze reduzieren. Chili-Bohnen-Sauce und schwarze Bohnen zufügen und etwa 30 Sekunden pfannenrühren, bis sich das Öl rot gefärbt hat.

Hühnerbrühe und abgetropfte Tofuwürfel unterrühren. Mit Zucker, Sojasauce und Salz würzen. Etwa 5 Minuten köcheln lassen.

Die Frühlingszwiebeln zugeben. Das Gericht in eine große oder vier kleine Schalen geben und sofort servieren.

Rindfleisch mit Kartoffeln

Fleisch & Geflügel

Zutaten für 4 Personen

- 450 g Rinderfilet
- 2 EL Sojasauce
- 2 EL Fischsauce
- 2 EL Pflanzen- oder Erdnussöl
- 3–4 Korianderwurzeln, gehackt
- 1 EL zerstoßene schwarze Pfefferkörner
- 2 Knoblauchzehen, zerdrückt
- 1 EL Palmzucker oder brauner Zucker
- 350 g Kartoffeln, in Würfel geschnitten
- 150 ml Wasser
- 1 Bund Frühlingszwiebeln, gehackt
- 250 g junge Spinatblätter
- gekochter Reis oder gekochte Nudeln, zum Servieren

So geht's

Das Rinderfilet in Streifen schneiden und diese in eine flache Form geben. Sojasauce, Fischsauce, 1 Esslöffel Öl, Korianderwurzeln, Pfefferkörner, Knoblauch und Zucker in der Küchenmaschine zu einer dicken Paste verarbeiten. Die Paste zum Fleisch geben und dieses gut darin wenden. Mit Frischhaltefolie abdecken und mindestens 3 Stunden oder über Nacht im Kühlschrank marinieren.

Das restliche Öl im Wok erhitzen. Das Fleisch aus der Marinade nehmen, diese beiseitestellen. Die Fleischstreifen im Wok von jeder Seite 3–4 Minuten anbräunen. Marinade, Kartoffeln und Wasser zugeben und alles vorsichtig aufkochen. 6–8 Minuten köcheln lassen, bis die Kartoffelwürfel gar sind.

Frühlingszwiebeln und Spinat zugeben und bei geringer Hitze mitgaren, bis der Spinat zusammenfällt. Mit Reis oder Nudeln servieren.

Schweinefleisch mit Limette

Fleisch & Geflügel

Zutaten für 2 Personen

- 300 g Schweinefilet
- 1 TL Koriandersamen
- ½ TL weiße Pfefferkörner
- ¼ TL Salz
- ¼ TL Zucker
- Saft und fein abgeriebene Schale von 1 unbehandelten Limette
- 2 EL Erdnussöl
- 1 TL fein gehackte frische Ingwerwurzel
- 1 Knoblauchzehe, in feine Scheiben geschnitten
- 3 Frühlingszwiebeln, weißer und grüner Teil getrennt, in 2 cm lange Stücke geschnitten
- 1 kleine grüne Paprika, in feine Streifen geschnitten
- 2 EL Cashewkerne, grob gehackt
- 1 große Prise Salz
- 1 EL Hühnerbrühe
- 1 TL thailändische Fischsauce
- einige frische Minzeblätter, zum Garnieren

So geht's

Das Schweinefilet gegen die Faser in mundgerechte Stücke schneiden. Mit der flachen Seite eines großen Küchenmessers flach klopfen und auf einen Teller legen. Koriander, Pfeffer, Salz, Zucker und Limettenschale in einem Mörser zermahlen. Die Fleischstücke von beiden Seiten sorgfältig mit der Würzmischung einreiben und etwa 15 Minuten ziehen lassen.

Einen Wok auf starker Stufe vorheizen, dann 1 Esslöffel Öl hineingeben und erhitzen. Das Fleisch 2–3 Minuten unter Rühren anbraten, bis es außen nicht mehr rosa ist, dann samt Bratensaft auf einen großen Teller geben. Den Wok mit Küchenpapier sauber auswischen.

Den Wok auf mittlerer Stufe wieder vorheizen, dann das restliche Öl darin erhitzen. Ingwer und Knoblauch kurz pfannenrühren. Weiße Frühlingszwiebelstücke und Paprika zugeben und 2 Minuten pfannenrühren. Cashewkerne und Salz zufügen und 1 Minute braten.

Die Hitze erhöhen und das Fleisch samt Bratensaft wieder in den Wok geben. Mit Brühe, Limettensaft und Fischsauce ablöschen. Die grünen Frühlingszwiebelstücke dazugeben und 30 Sekunden unter Rühren erhitzen. Mit der Minze garnieren und sofort servieren.

Schnitzel auf Eierreis

Fleisch & Geflügel

Zutaten für 4 Personen

- 4 EL Mehl
- 1 Ei, leicht verquirlt
- 100 g japanisches Paniermehl (Panko)
- 4 Schweineschnitzel (à 150 g)
- Öl, zum Braten
- 600 ml japanische Brühe (Dashi, ersatzweise Hühnerbrühe)
- 4 EL japanische Sojasauce (Shoyu)
- 2 EL Mirin (Reiswein)
- 1 Zwiebel, in Ringe geschnitten
- 4 Eier
- 600 g gekochter japanischer Rundkornreis

So geht's

Mehl, Ei und Paniermehl jeweils in einen tiefen Teller geben. Die Schnitzel leicht flach klopfen.

Jedes Schnitzel zuerst im Mehl, dann im Ei und schließlich im Paniermehl wenden. Auf einen Teller legen, mit Frischhaltefolie abdecken und 10 Minuten in den Kühlschrank stellen. Dann noch einmal im Ei und im Paniermehl wenden.

Den Wok stark vorheizen. 2 cm hoch Öl einfüllen und fast bis zum Rauchpunkt erhitzen. Die Schnitzel nacheinander zugeben, die Hitze auf mittlere Stufe reduzieren und die Schnitzel 4 Minuten von jeder Seite braten, bis das Fleisch gar und das Paniermehl goldbraun ist. Herausnehmen und in 1,5 cm breite Scheiben schneiden.

Unterdessen Brühe, Sojasauce und Mirin in einer Pfanne erhitzen. Die Zwiebel zugeben und 5 Minuten köcheln lassen. Die Eier in einer Schüssel aufschlagen und über die Zwiebelringe in der Brühe geben. Abdecken und 1 Minute stocken lassen.

Den Reis auf vier Schalen verteilen. Die Schnitzel darauflegen und die Eiermischung darüber verteilen. Sofort heiß servieren.

Sichuan-Schweinefleisch

Fleisch & Geflügel

Zutaten für 4 Personen

- 300 g Schweinebauch
- 1 EL Pflanzen- oder Erdnussöl
- 1 EL Chili-Bohnen-Sauce
- 1 EL eingelegte schwarze Bohnen, abgespült und leicht zerdrückt
- 1 TL süße rote Bohnenpaste (nach Belieben)
- 1 grüne Paprika, in feine Streifen geschnitten
- 1 rote Paprika, in feine Streifen geschnitten
- 1 TL Zucker
- 1 TL dunkle Sojasauce
- 1 Prise weißer Pfeffer
- gekochter Reis, zum Servieren

So geht's

In einem großen Topf Wasser zum Kochen bringen, das Fleisch hineingeben, 20 Minuten köcheln lassen und dabei gelegentlich den Schaum abschöpfen. Dann das Fleisch herausnehmen, abkühlen lassen und in feine Streifen schneiden.

Einen Wok auf mittlerer bis starker Stufe vorheizen, dann das Öl hineingießen und erhitzen. Die Fleischstreifen darin braten, bis sie sich zusammenziehen. Chili-Bohnen-Sauce, schwarze Bohnen und je nach Wunsch rote Bohnenpaste einrühren. Die restlichen Zutaten zufügen und unter Rühren einige Minuten erhitzen. Mit dem gekochten Reis servieren.

Schweinefleisch mit Karotten

Fleisch & Geflügel

Zutaten für 2 Personen

- 250 g Schweinefilet
- 2 EL Erdnussöl
- 2 große Knoblauchzehen, in feine Scheiben geschnitten
- 1 frischer grüner Chili, entkernt und schräg in feine Streifen geschnitten
- 6 Karotten, in feine Stifte geschnitten
- 50 g Ingwerwurzel, in feine Stifte geschnitten
- 150 g Bambussprossen aus der Dose, abgespült und abgetropft
- 1½ TL Sichuan-Pfeffer, zerstoßen
- 100 ml Hühnerbrühe
- 2 EL helle Sojasauce

Marinade

- 2 TL chinesischer Reiswein oder trockener Sherry
- 2 TL helle Sojasauce
- ½ TL Zucker
- ¼ TL Salz

So geht's

Das Schweinefilet schräg gegen die Faser in sehr feine Scheiben, dann in 4 cm breite Streifen schneiden und in eine Schüssel geben. Die Zutaten für die Marinade verrühren, über die Fleischstreifen gießen und das Fleisch 30 Minuten marinieren.

Einen Wok auf starker Stufe vorheizen, dann das Öl hineingeben und erhitzen. Knoblauch und Chili etwa 30 Sekunden pfannenrühren, bis der Knoblauch Farbe annimmt.

Das Schweinefleisch samt Marinade dazugeben. Die Hitze erhöhen und 1 Minute unter Rühren anbraten. Karotten, Ingwer, Bambussprossen und Sichuan-Pfeffer hinzufügen und 1 Minute pfannenrühren. Mit Brühe und Sojasauce ablöschen und weitere 4–5 Minuten pfannenrühren, bis die Sauce etwas eindickt. In eine vorgewärmte Servierschale geben und sofort servieren.

Schweinefleisch mit Paprika

Fleisch & Geflügel

Zutaten für 4 Personen

- 1 EL Pflanzen- oder Erdnussöl
- 1 EL Chiliöl
- 450 g Schweinefilet, in feine Streifen geschnitten
- 2 EL grüne Chilisauce
- 6 Frühlingszwiebeln, in Ringe geschnitten
- 2,5-cm-Stück frische Ingwerwurzel, in dünne Scheiben geschnitten
- 1 rote Paprika, in Streifen geschnitten
- 1 gelbe Paprika, in Streifen geschnitten
- 1 orangefarbene Paprika, in Streifen geschnitten
- 1 EL Fischsauce
- 2 EL Sojasauce
- Saft von 1/2 Limette
- 4 EL frisch gehackte Petersilie
- gekochte Reisnudeln, zum Servieren

So geht's

Beide Ölsorten im Wok erhitzen. Das Schweinefleisch darin portionsweise unter Rühren rundum anbräunen. Mit einem Schaumlöffel herausheben und beiseitestellen.

Chilisauce, Frühlingszwiebeln und Ingwer in den Wok geben und unter Rühren 1–2 Minuten braten. Dann die Paprikastreifen zugeben und unter Rühren weitere 2–3 Minuten braten.

Das Fleisch zurück in den Wok geben. Fischsauce, Sojasauce und Limettensaft unterrühren. Alles noch 1–2 Minuten garen, dann die Petersilie zugeben und das Gericht mit den gekochten Reisnudeln servieren.

Variation

Mit Hühner- statt Schweinefleisch schmeckt das Gericht ebenso gut.

Sparerибs in süßsaurer Sauce

Fleisch & Geflügel

Zutaten für 4 Personen

- 450 g Spareribs, in mundgerechte Stücke zerteilt (bitten Sie Ihren Metzger, das zu übernehmen)
- Pflanzen- oder Erdnussöl, zum Frittieren

Marinade

- 2 TL helle Sojasauce
- ½ TL Salz
- 1 Prise weißer Pfeffer

Süßsaure Sauce

- 3 EL weißer Reisessig
- 2 EL Zucker
- 1 EL helle Sojasauce
- 1 EL Tomatenketchup
- 1½ EL Pflanzen- oder Erdnussöl
- 1 grüne Paprika, grob gehackt
- 1 kleine Zwiebel, grob gehackt
- 1 kleine Karotte, in feine Scheiben geschnitten
- ½ TL fein gehackter Knoblauch
- ½ TL fein gehackte frische Ingwerwurzel
- 100 g Ananasstückchen

So geht's

Für die Marinade alle Zutaten in einer großen Schüssel verrühren und das Fleisch darin mindestens 20 Minuten marinieren.

Reichlich Öl im Wok auf 180 °C erhitzen (ein Brotwürfel bräunt darin in 30 Sekunden). Die Spareribs 8 Minuten frittieren, dann abtropfen lassen und beiseitestellen.

Für die Sauce zunächst Essig, Zucker, Sojasauce und Ketchup verrühren. Beiseitestellen.

Im vorgeheizten Wok 1 Esslöffel Öl erhitzen. Paprika, Zwiebel und Karotte 2 Minuten unter Rühren anbraten. Herausnehmen und beiseitestellen.

Das restliche Öl im sauberen Wok erhitzen. Knoblauch und Ingwer darin schwenken, bis sie zu duften beginnen. Die Essigmischung unterrühren und zum Kochen bringen. Die Ananasstückchen unterheben. Spareribs und Gemüse wieder in den Wok geben und rühren, bis alle Zutaten heiß sind. Sofort servieren.

Lammfleisch mit Porree

Fleisch & Geflügel

Zutaten für 2 Personen

- 300 g Lammfleisch aus dem Nacken
- 1 Knoblauchzehe, fein gehackt
- 2 TL Sojasauce
- 2 TL chinesischer Reiswein oder trockener Sherry
- ½ TL Zucker
- ¼ TL Salz
- ½ EL Speisestärke
- 3 EL Hühnerbrühe
- 2 EL Erdnussöl
- Pfeffer
- 3 Porreestangen, in 4 cm lange Stücke geschnitten
- 1 EL Hühnerbrühe oder Wasser

So geht's

Das Lammfleisch gegen die Faser in mundgerechte Stücke schneiden. Mit der flachen Seite eines großen Küchenmessers flach klopfen und in eine Schüssel geben. In einer Schale Knoblauch, Sojasauce, Reiswein, Zucker und Salz verrühren und über das Lammfleisch gießen. Bei Zimmertemperatur etwa 1 Stunde oder im Kühlschrank über Nacht marinieren.

Die Speisestärke in der Brühe auflösen. Einen Wok auf starker Stufe vorheizen, dann 1 Esslöffel Öl hineingeben und erhitzen. Das Lammfleisch dazugeben und etwa 1 Minute unter Rühren anbraten. Mit Pfeffer würzen. Die angerührte Speisestärke zufügen und 1 Minute pfannenrühren. Das Fleisch aus dem Wok nehmen und warm halten. Den Wok mit Küchenpapier sauber auswischen.

Den Wok auf starker Stufe wieder vorheizen, dann das restliche Öl hineingeben und erhitzen. Porree und Hühnerbrühe dazugeben und 2 Minuten pfannenrühren, bis das Gemüse knackig gar ist. Das Fleisch wieder in den Wok geben und 30 Sekunden pfannenrühren. In eine vorgewärmte Servierschale geben und sofort servieren.

Hühnchen süßsauer

Fleisch & Geflügel

Zutaten für 4–6 Personen

- 450 g Hähnchenbrustfilet, in mundgerechte Stücke geschnitten
- 5 EL Pflanzen- oder Erdnussöl
- ½ TL zerdrückter Knoblauch
- ½ TL fein gehackte frische Ingwerwurzel
- 1 grüne Paprika, grob gehackt
- 1 Zwiebel, grob gehackt
- 1 Karotte, in dünne Scheiben geschnitten
- 1 TL Sesamöl
- 1 EL fein gehackte Frühlingszwiebeln

Marinade

- 2 TL helle Sojasauce
- 1 TL Shaoxing-Reiswein
- 1 Prise weißer Pfeffer
- ½ TL Salz
- 1 Spritzer Sesamöl

Sauce

- 8 EL Reisessig
- 4 EL Zucker
- 2 TL helle Sojasauce
- 6 EL Tomatenketchup

So geht's

Für die Marinade alle Zutaten in einer Schüssel verrühren und das Hühnchenfleisch mindestens 20 Minuten marinieren.

Für die Sauce den Essig in einem Topf erhitzen. Zucker, Sojasauce und Ketchup zugeben und so lange rühren, bis sich der Zucker aufgelöst hat. Beiseitestellen.

Im vorgeheizten Wok 3 Esslöffel Öl erhitzen und das Fleisch darin unter Rühren goldbraun anbraten. Aus dem Wok nehmen und beiseitestellen.

Das restliche Öl im sauberen Wok erhitzen. Knoblauch und Ingwer darin schwenken, bis sie zu duften beginnen. Das Gemüse zufügen und unter Rühren 2 Minuten braten. Das Fleisch wieder in den Wok geben und 1 Minute erhitzen. Sauce und Sesamöl unterrühren. Die Frühlingszwiebel zufügen und sofort servieren.

Hühnchen mit Cashewkernen

Fleisch & Geflügel

Zutaten für 4–6 Personen

- 1 TL Shaoxing-Reiswein
- 3 EL helle Sojasauce
- 1 Prise Zucker
- ½ TL Salz
- 450 g Hähnchenbrustfilets, in mundgerechte Stücke geschnitten
- 3 getrocknete chinesische Pilze, 20 Min. in warmem Wasser eingeweicht
- 2 EL Pflanzen- oder Erdnussöl
- 4 Scheiben frische Ingwerwurzel
- 1 TL fein gehackter Knoblauch
- 1 rote Paprika, in große Würfel geschnitten
- 80 g Cashewkerne, geröstet

So geht's

Reiswein, 2 Esslöffel Sojasauce, Zucker und Salz verrühren und das Hähnchenfleisch darin mindestens 20 Minuten marinieren.

Die Pilze gut ausdrücken, die harten Stiele entfernen und die Hüte in feine Streifen schneiden. Das Einweichwasser aufbewahren.

Im vorgeheizten Wok 1 Esslöffel Öl erhitzen und den Ingwer darin schwenken, bis er zu duften beginnt. Das Hähnchenfleisch zugeben und 2 Minuten anbräunen. Das Fleisch aus dem Wok nehmen, bevor es vollständig gegart ist, und beiseitestellen.

Das restliche Öl im sauberen Wok erhitzen und den Knoblauch darin schwenken, bis er zu duften beginnt. Pilze und Paprika zufügen und 1 Minute pfannenrühren. 2 Esslöffel Einweichwasser zugießen und 2 Minuten garen, bis das Wasser verdampft ist.

Das Fleisch mit der restlichen Sojasauce sowie den Cashewkernen zurück in den Wok geben und etwa 2 Minuten unter Rühren braten, bis es gar ist.

Hühnchen in gelber Currysauce

Fleisch & Geflügel

Zutaten für 4 Personen

- 2 EL Pflanzen- oder Erdnussöl
- 2 Zwiebeln, in schmale Spalten geschnitten
- 2 Knoblauchzehen, fein gehackt
- 2 Hähnchenbrustfilets, in Streifen geschnitten
- 200 g Babymaiskolben, längs halbiert

Sauce

- 6 EL gelbe Thai-Currypaste
- 150 g Naturjoghurt
- 400 ml Wasser
- frischer Koriander, gehackt, plus etwas mehr zum Garnieren
- frische Thai-Basilikumblätter, zerzupft, plus etwas mehr zum Garnieren

So geht's

Für die Sauce die Currypaste im Wok etwa 2–3 Minuten unter Rühren erhitzen, dann Joghurt, Wasser und Kräuter unterrühren. Alles kurz aufkochen und 2–3 Minuten köcheln lassen.

Das Öl im sauberen Wok erhitzen. Dann Zwiebeln und Knoblauch darin 2–3 Minuten unter Rühren anbraten. Hühnchenfleisch und Mais zugeben und unter Rühren 3–4 Minuten braten, bis der Mais weich ist und die Fleischstreifen durchgegart sind.

Die Currysauce einrühren und noch einmal aufkochen. Mit Koriander und Thai-Basilikum garnieren und sofort servieren.

Gong-Bao-Hühnchen

Fleisch & Geflügel

Zutaten für 4 Personen

- 2 Hähnchenbrustfilets, in 1 cm große Würfel geschnitten
- 1 EL Pflanzen- oder Erdnussöl
- 10 getrocknete rote Chilis, jeweils in 2–3 Stücke geschnitten
- 1 TL Sichuan-Pfefferkörner
- 3 Knoblauchzehen, in feine Scheiben geschnitten
- 2,5-cm-Stück frische Ingwerwurzel, in feine Scheiben geschnitten
- 1 EL grob gehackte Frühlingszwiebel (nur vom weißen Teil)
- 80 g geröstete Erdnüsse

Marinade

- 2 TL helle Sojasauce
- 1 TL Shaoxing-Reiswein
- ½ TL Zucker

Sauce

- 1 TL helle Sojasauce
- 1 TL dunkle Sojasauce
- 1 TL schwarzer chinesischer Reisessig
- einige Tropfen Sesamöl
- 2 EL Hühnerbrühe
- 1 TL Zucker

So geht's

Für die Marinade alle Zutaten in einer Schüssel verrühren, das Fleisch zugeben und mindestens 20 Minuten marinieren. Die Zutaten für die Sauce verrühren und beiseitestellen.

Das Öl im vorgeheizten Wok erhitzen. Chilis und Pfeffer darin schwenken, bis sie knusprig sind und zu duften beginnen. Das Fleisch zugeben und unter Rühren anbraten. Knoblauch, Ingwer und Frühlingszwiebel zufügen. Unter Rühren etwa 5 Minuten braten, bis das Fleisch gar ist.

Die Sauce einrühren und die Erdnüsse unterheben. Sofort servieren.

Hühnchen mit buntem Gemüse

Fleisch & Geflügel

Zutaten für 4–6 Personen

- 4 TL Sojasauce
- 1 EL Speisestärke
- 1 EL chinesischer Reiswein oder trockener Sherry
- ½ TL Salz
- 350 g Hähnchenbrustfilet, gewürfelt
- 6 EL Hühnerbrühe
- 1 EL Austernsauce
- 4 EL Erdnussöl
- 1 TL fein gehackte frische Ingwerwurzel
- 1 große Knoblauchzehe, in feine Scheiben geschnitten
- 4 Frühlingszwiebeln, weiße und grüne Teile separat, schräg in 2 cm lange Stücke geschnitten
- ½ EL weiße Pfefferkörner, zerstoßen
- 8 Babymaiskolben, längs halbiert
- ½ kleine rote Paprika, in feine Streifen geschnitten
- 150 g Wasserkastanien aus der Dose, abgetropft
- 125 g Zuckererbsen, längs halbiert

So geht's

Die Hälfte der Sojasauce mit Speisestärke, Reiswein und Salz in einer Schale verrühren. Die Hähnchenwürfel in eine flache Form geben. Mit der Marinade übergießen, darin wenden und 15 Minuten marinieren.

In einer Schale die restliche Sojasauce mit Brühe und Austernsauce mischen.

Einen Wok auf starker Stufe vorheizen, dann das Öl hineingeben und erhitzen. Die Fleischwürfel zugeben und 3 Minuten unter Rühren anbraten, bis sie außen nicht mehr rosa sind. Mit einem Schaumlöffel aus dem Wok nehmen und auf Küchenpapier abtropfen lassen.

Die Hitze etwas reduzieren. Ingwer, Knoblauch, weiße Frühlingszwiebelstücke und Pfeffer hineingeben und kurz rühren. Mais, Paprika und Wasserkastanien zufügen und 2 Minuten pfannenrühren. Das Fleisch mit den Zuckererbsen und der Sojasaucenmischung wieder in den Wok geben und 1–2 Minuten pfannenrühren, bis die Sauce etwas eingedickt ist.

Mit den grünen Frühlingszwiebelstücken bestreuen und einige Sekunden erhitzen. Sofort servieren.

Hähnchensalat

Fleisch & Geflügel

Zutaten für 4 Personen

- 4 Hähnchenbrustfilets
- 2 EL rote Thai-Currypaste
- 2 EL Pflanzen- oder Erdnussöl
- 1 Chinakohl, in Streifen geschnitten
- 200 g Pak Choi, grob zerzupft
- ½ Wirsing, in Streifen geschnitten
- 2 Schalotten, fein gehackt
- 2 Knoblauchzehen, zerdrückt
- 1 EL Reisessig
- 2 EL süße Chilisauce
- 2 EL Sojasauce

So geht's

Die Hähnchenbrustfilets mehrfach einschneiden und die Currypaste in die Einschnitte reiben. Abdecken und über Nacht in den Kühlschrank stellen.

In einer Pfanne 1 Esslöffel Öl erhitzen und die Filets etwa 5–6 Minuten gut durchbraten, dabei ein- oder zweimal wenden.

In einem Wok 1 das restliche Öl erhitzen. Chinakohl, Pak Choi und Wirsing zugeben und unter Rühren zusammenfallen lassen. Schalotten und Knoblauch zugeben und weich dünsten, aber nicht bräunen. Essig, Chili- und Sojasauce einrühren. Vom Herd nehmen.

Das Gemüse auf vier Teller verteilen. Die Hähnchenbrustfilets in Scheiben schneiden, auf dem Gemüse anrichten und mit der warmen Sauce beträufeln. Sofort servieren.

Ingwerhuhn mit Sesam

Fleisch & Geflügel

Zutaten für 4 Personen

- 500 g Hähnchenbrustfilet, in Streifen geschnitten
- 2 EL Erdnussöl
- 1 Porreestange, in dünne Ringe geschnitten
- 1 Brokkoli, in Röschen zerteilt
- 2 Karotten, in dünne Scheiben geschnitten
- ½ Blumenkohl, in Röschen zerteilt
- 1 TL frisch geriebene Ingwerwurzel
- 5 EL Weißwein
- 2 EL Sesamsaat
- 1 EL Speisestärke
- 1 EL Wasser

Marinade

- 4 EL Sojasauce
- 4 EL Wasser

So geht's

Für die Marinade die Zutaten in einer Schüssel verrühren. Das Fleisch zugeben und in der Marinade wenden. Mit Frischhaltefolie abdecken und 1 Stunde im Kühlschrank marinieren.

Die Hähnchenstücke mit einem Schaumlöffel aus der Marinade nehmen. Einen Wok auf mittlerer bis starker Stufe vorheizen, dann das Öl zufügen und erhitzen. Das Fleisch zusammen mit dem Porree in den Wok geben. So lange pfannenrühren, bis das Fleisch Farbe angenommen hat und der Porree weich geworden ist. Restliches Gemüse, Ingwer und Wein einrühren. Die Hitze reduzieren, den Wok abdecken und das Ganze 5 Minuten köcheln lassen.

Den Sesam in eine Pfanne geben und ohne Fett kurz unter Rühren anrösten. Auf einen Teller geben und abkühlen lassen.

In einer Tasse die Speisestärke mit dem Wasser verrühren. In den Wok geben und gut unterrühren. So lange köcheln lassen, bis die Flüssigkeit etwas eingedickt ist.

Den gerösteten Sesam über das Gericht streuen und heiß servieren.

Ente mit Mais & Ananas

Fleisch & Geflügel

Zutaten für 4 Personen

- 4 Entenbrustfilets, ohne Haut
- 1 TL chinesisches Fünf-Gewürze-Pulver
- 1 EL Speisestärke
- 1 EL Chiliöl
- 250 g Schalotten, halbiert
- 2 Knoblauchzehen, zerdrückt
- 100 g Babymaiskolben
- 200 g Ananasstücke aus der Dose, abgetropft
- 6 Frühlingszwiebeln, in Ringe geschnitten
- 100 g frische Bohnensprossen
- 2 EL Pflaumensauce

So geht's

Die Entenbrüste in dünne Streifen schneiden.

Fünf-Gewürze-Pulver und Speisestärke in einer großen Schüssel vermengen. Die Fleischstreifen gleichmäßig in der Gewürz-Stärke-Mischung wenden.

Einen Wok auf starker Stufe vorheizen, dann das Öl zugeben und erhitzen. Das Fleisch darin 10 Minuten unter Rühren knusprig anbraten. Herausnehmen und beiseitestellen.

Schalotten und Knoblauch in den Wok geben und 5 Minuten braten. Den Mais zugeben und 5 Minuten pfannenrühren. Dann Ananas, Frühlingszwiebeln und Bohnensprossen zufügen. Alles weitere 3–4 Minuten pfannenrühren. Dann die Pflaumensauce unterrühren.

Das Fleisch wieder in den Wok geben und gut mit den anderen Zutaten vermengen. Heiß servieren.

Ente mit buntem Paprikagemüse

Fleisch & Geflügel

Zutaten für 4 Personen

- 1 EL Pflanzen- oder Erdnussöl
- 2 Entenbrustfilets, mit Haut
- 1 Zwiebel, in Ringe geschnitten
- 2 Knoblauchzehen, gehackt
- 1 rote Paprika, in Streifen geschnitten
- 1 grüne Paprika, in Streifen geschnitten
- 1 gelbe Paprika, in Streifen geschnitten
- 4 Tomaten, gehäutet, entkernt und gehackt
- 150 ml Brühe
- 3 EL Sojasauce
- gekochte Reisnudeln, zum Servieren

So geht's

Das Öl in einem Wok erhitzen und die Entenbrustfilets darin bei starker Hitze knusprig braun braten. Weiterbraten, bis das Fleisch gar ist. Herausnehmen und warm stellen.

Überschüssiges Fett aus dem Wok abgießen. Zwiebel und Knoblauch 2–3 Minuten unter Rühren hellbraun anbraten.

Die Paprika zugeben und kurz garen. Tomaten, Brühe und Sojasauce zugeben und 1–2 Minuten köcheln lassen. Auf eine Servierplatte geben. Die Entenbrust in dicke Scheiben schneiden und auf dem Gemüse anrichten. Mit der im Wok verbliebenen Sauce beträufeln und mit den Nudeln servieren.

Kantonesische Ente süßsauer

Fleisch & Geflügel

Zutaten für 6 Personen

- 2 Entenbrustfilets (550 g), mit Haut
- Salz und Pfeffer
- ½ EL Sojasauce
- 2 TL Erdnussöl
- 4-cm-Stück Salatgurke, geschält und längs in feine Stifte geschnitten, zum Garnieren

Sauce

- 1 EL Speisestärke
- 125 ml Hühnerbrühe
- 1½ EL Sojasauce
- 1½ EL Reisessig
- 2 EL Zucker
- 1 EL Tomatenmark
- 1 EL Orangensaft
- 2 TL Erdnussöl
- 3 dünne Scheiben Ingwerwurzel

So geht's

Jedes Filet in drei Stücke schneiden. In einer Schale mit Salz, Pfeffer und der Hälfte der Sojasauce einreiben.

Einen Wok auf starker Stufe vorheizen, das Öl zugeben und erhitzen. Das Entenfleisch mit der Hautseite nach unten unter Wenden 8 Minuten goldbraun braten. Die Fleischstücke auf einem Teller 10 Minuten ruhen lassen. Das Öl abgießen und den Wok mit Küchenpapier säubern. Das Entenfleisch in 1 cm breite Streifen schneiden.

Für die Sauce die Speisestärke in einer Tasse mit 3 Esslöffeln Brühe anrühren. Sojasauce, Essig und Zucker in einer Schale verrühren, bis sich der Zucker aufgelöst hat. Tomatenmark und Orangensaft einarbeiten.

Das Öl im Wok auf mittlerer Stufe erhitzen. Die Ingwerscheiben zugeben und einige Sekunden anbraten. Sojasaucenmischung und restliche Brühe zugießen und zum Kochen bringen. Die Hitze reduzieren und die Speisestärkemischung einrühren. Weiterrühren, bis die Sauce eindickt. Dann die Entenscheiben dazugeben. Bei kleiner Hitze 5 Minuten köcheln lassen, bis das Entenfleisch halb durchgegart ist.

Die Ingwerscheiben entfernen. Die Gurkenstifte auf einer vorgewärmten Servierplatte verteilen und die Entenscheiben darauf anrichten. Mit der verbliebenen Bratensauce beträufeln. Sofort servieren.

Pute mit Pak Choi & Pilzen

Fleisch & Geflügel

Zutaten für 4 Personen

- 250 g asiatische Eiernudeln
- 3 EL Erdnussöl
- 1 große Knoblauchzehe, in feine Scheiben geschnitten
- 2 TL fein gehackte frische Ingwerwurzel
- 450 g Putenschnitzel, in feine Streifen geschnitten
- 170 g braune Champignons, in feine Scheiben geschnitten
- 600 g Pak Choi, Stiele in 2,5 cm große Quadrate, Blätter in breite Streifen geschnitten
- 4 Frühlingszwiebeln, schräg in 2,5 cm große Stücke geschnitten
- 1 EL helle Sojasauce
- Salz und Pfeffer
- 2 EL frisch gehackter Koriander

So geht's

Die Nudeln in einem Topf mit kochendem Wasser 4 Minuten garen oder nach Packungsanleitung zubereiten. Das Wasser abgießen, die Nudeln gut abtropfen, dann abkühlen lassen.

Einen Wok auf mittlerer bis starker Stufe vorheizen, dann das Öl hineingeben und erhitzen. Knoblauch und Ingwer einige Sekunden unter Rühren anbraten, bis sie duften.

Die Putenstreifen hineingeben und 2 Minuten unter Rühren anbraten, bis sie außen nicht mehr rosa sind. Pilze und Pak-Choi-Stiele dazugeben und 2 Minuten pfannenrühren. Pak-Choi-Blätter und Frühlingszwiebeln hinzufügen und weitere 2 Minuten pfannenrühren. Nudeln und Sojasauce untermischen. Dann mit Salz und Pfeffer abschmecken und weitergaren, bis die Nudeln heiß sind. Den Koriander unterheben. Sofort servieren.

Puten-Teriyaki

Fleisch & Geflügel

Zutaten für 4 Personen

- 450 g Putenschnitzel, in Streifen geschnitten
- 3 EL Erdnussöl
- 1 kleine gelbe Paprika, in dünne Streifen geschnitten
- 8 Frühlingszwiebeln, schräg in 2,5 cm lange Stücke geschnitten
- gekochter Reis, zum Servieren

Teriyaki-Glasur

- 5 EL japanische Sojasauce (Shoyu)
- 5 EL Mirin (japanischer Reiswein)
- 2 EL flüssiger Honig
- 1 TL fein gehackte frische Ingwerwurzel

So geht's

Die Zutaten für die Glasur in einen kleinen Topf geben und bei kleiner bis mittlerer Hitze rühren, bis sich der Honig aufgelöst hat. Den Topf vom Herd nehmen und die Glasur etwas abkühlen lassen.

Die Putenstreifen in eine flache Form geben, mit der Glasur überziehen und darin wenden. Bei Zimmertemperatur 30 Minuten oder im Kühlschrank über Nacht marinieren.

Die Putenstreifen mit einem Schaumlöffel herausnehmen und gut abtropfen lassen. Die Glasur auffangen.

Einen Wok auf mittlerer bis starker Stufe vorheizen. Das Öl hineingeben und erhitzen. Die Putenstreifen darin etwa 2 Minuten unter Rühren anbraten. Paprika und Frühlingszwiebeln hinzufügen und 1 Minute pfannenrühren. Mit der Glasur ablöschen und zum Kochen bringen. Die Hitze reduzieren und das Ganze 3–4 Minuten köcheln lassen, bis die Putenstreifen gar sind.

Fleisch und Gemüse mit einem Schaumlöffel in eine vorgewärmte Servierschale geben. Die im Wok verbliebene Sauce einkochen, bis sie eine sirupartige Konsistenz hat, dann über das Gericht gießen. Sofort mit frisch gekochtem Reis servieren.

Fisch & Meeresfrüchte

Fischcurry

Fisch & Meeresfrüchte

Zutaten für 4 Personen

- Saft von 1 Limette
- 4 EL Fischsauce
- 2 EL Sojasauce
- 1 frischer roter Chili, entkernt und gehackt
- 350 g Seeteufelfilet, in Würfel geschnitten
- 350 g Lachsfilet, in Würfel geschnitten
- 400 ml Kokosmilch
- 3 Kaffir-Limettenblätter
- 1 EL rote Thai-Currypaste
- 1 Stängel Zitronengras (nur das weiße Innere), fein gehackt
- gekochter Jasminreis mit 4 EL frisch gehacktem Koriander, zum Servieren

So geht's

Limettensaft, 2 Esslöffel Fischsauce und Sojasauce in einer Schüssel verrühren. Chili und Fischwürfel zugeben, alles gut vermengen und mindestens 1–2 Stunden oder über Nacht im Kühlschrank marinieren.

Die Kokosmilch im Wok aufkochen. Limettenblätter, Currypaste, restliche Fischsauce und Zitronengras einrühren und alles bei schwacher Hitze 10–15 Minuten köcheln lassen.

Die Fischwürfel mit der Marinade zugeben und bei schwacher Hitze weitere 4–5 Minuten köcheln lassen, bis der Fisch gar ist. Heiß servieren, dazu mit Koriander vermengten Jasminreis reichen.

Wolfsbarsch mit Gemüse

Fisch & Meeresfrüchte

Zutaten für 4–6 Personen

- 1 ganzer Wolfsbarsch, ca. 1,5 kg, ausgenommen
- 2 TL Salz
- 6 EL Pflanzen- oder Erdnussöl
- 2 Scheiben frische Ingwerwurzel
- 2 Knoblauchzehen, in feine Scheiben geschnitten
- 2 Frühlingszwiebeln, grob gehackt
- 1 grüne Paprika, in feine Streifen geschnitten
- 1 rote Paprika, in feine Streifen geschnitten
- 1 Karotte, in feine Stifte geschnitten
- 50 g Bambussprossen, frisch oder aus der Dose, abgespült, in feine Stifte geschnitten (frische Sprossen 30 Min. kochen)
- 2 Tomaten, gehäutet, entkernt und in feine Streifen geschnitten
- 1 EL Shaoxing-Reiswein
- 2 EL weißer Reisessig
- 1 EL helle Sojasauce
- 1 EL Zucker

So geht's

Den Fisch innen und außen gut abspülen und trocken tupfen. Auf beiden Seiten mehrmals schräg einschneiden und ½ Teelöffel Salz in die Haut reiben.

Im vorgeheizten Wok 4 Esslöffel Öl erhitzen und den Fisch darin von jeder Seite etwa 4 Minuten braten, bis das Fleisch weich ist. Abtropfen lassen und warm halten.

Das restliche Öl im vorgeheizten Wok erhitzen. Ingwer, Knoblauch und Frühlingszwiebeln darin schwenken, bis sie zu duften beginnen. Gemüse und restliches Salz zugeben und alles 2–3 Minuten unter Rühren braten. Die restlichen Zutaten zufügen und weitere 2–3 Minuten pfannenrühren. Das Gemüse mir der Sauce über den Fisch geben und sofort servieren.

Seeteufel mit Limetten-Sauce

Fisch & Meeresfrüchte

Zutaten für 4 Personen

- 4 Seeteufelfilets (à 150 g)
- 1½ EL Reismehl oder Speisestärke
- 6 EL Pflanzen- oder Erdnussöl
- 4 Knoblauchzehen, zerdrückt
- 2 frische, große rote Chilis, entkernt und in Ringe geschnitten
- 2 TL Palmzucker oder brauner Zucker
- Saft von 2 Limetten
- abgeriebene Schale von 1 Limette
- gekochter Reis, zum Servieren

So geht's

Die Fischfilets im Reismehl wenden, überschüssiges Mehl abschütteln. Das Öl in einem Wok erhitzen und die Fischfilets darin rundum bräunen, bis sie gar sind. Vorsichtig wenden, damit sie nicht auseinanderfallen.

Die Fischfilets aus dem Wok nehmen und warm stellen. Knoblauch und Chilis in den Wok geben und unter Rühren 1–2 Minuten weich dünsten.

Zucker, Limettensaft und -schale sowie 2–3 Esslöffel Wasser hinzugeben und aufkochen. Die Sauce etwa 1–2 Minuten bei schwacher Hitze köcheln lassen. Dann über den Fisch geben und mit gekochtem Reis servieren.

Fisch in Kokosmilch

Fisch & Meeresfrüchte

Zutaten für 4 Personen

- 2 EL Pflanzen- oder Erdnussöl
- 6 Frühlingszwiebeln, grob gehackt
- 2,5-cm-Stück frische Ingwerwurzel, gerieben
- 2–3 EL rote Thai-Currypaste
- 400 ml Kokosmilch
- 150 ml Fischfond
- 4 Kaffir-Limettenblätter
- 1 Stängel Zitronengras, in 2 Stücke gebrochen
- 350 g weißfleischiges Fischfilet, in Würfel geschnitten
- 250 g Tintenfischringe und Tentakel
- 250 g große gegarte Garnelen, ausgelöst
- 1 EL Fischsauce
- 2 EL Sojasauce
- 4 EL frisch gehackter chinesischer Schnittlauch
- gekochter Jasminreis mit frisch gehacktem Koriander, zum Servieren

So geht's

Das Öl in einem Wok erhitzen. Frühlingszwiebeln und Ingwer zugeben und 1–2 Minuten anbraten. Die Currypaste hinzufügen und unter Rühren weitere 1–2 Minuten braten.

Kokosmilch, Fischfond, Limettenblätter und Zitronengras zugeben. Kurz aufkochen, die Hitze reduzieren und alles 1 Minute köcheln lassen.

Fischfilet, Tintenfischteile und Garnelen zugeben und 3 Minuten köcheln lassen, bis der Fisch gar ist. Fisch- und Sojasauce sowie Schnittlauch unterrühren. Sofort servieren, dazu mit Koriander vermengten Jasminreis reichen.

Lachs mit Pak Choi & Spargel

Fisch & Meeresfrüchte

Zutaten für 4 Personen

- 4 Lachsfilets, 2,5 cm dick
- 2 TL fein gehackte frische Ingwerwurzel
- 2 EL chinesischer Reiswein oder trockener Sherry
- 1 EL helle Sojasauce
- ½ TL Salz
- 8 grüne Spargelstangen
- 4 EL Erdnussöl
- 3 Pak Choi, längs geviertelt
- 1 Spritzer Zitronensaft
- Salz und grob gemahlener schwarzer Pfeffer
- 2 TL Sesamöl
- gekochter Reis, zum Servieren

So geht's

Die Lachssteaks auf einen hitzebeständigen, in einen Wok passenden Teller legen. Ingwer, Reiswein, Sojasauce sowie Salz in einer Schale verrühren. Den Fisch damit einreiben. Unter einmaligem Wenden 20 Minuten ziehen lassen. Die Spargelstangen putzen. Die Spitzen abtrennen. Die Stangen jeweils in 2–3 Stücke schneiden.

Einen Dämpfeinsatz in einen Wok mit Deckel setzen. So viel Wasser in den Wok füllen, dass es bis zur Hälfte des Einsatzes reicht. Dann zum Kochen bringen. Den Teller mit den Lachssteaks daraufstellen und locker mit Alufolie bedecken. Die Hitze so regulieren, dass das Wasser köchelt. Abdecken und 10–15 Minuten dämpfen, bis der Fisch gar ist. Währenddessen einen zweiten Wok auf starker Stufe vorheizen, 2 Esslöffel Erdnussöl darin erhitzen. Die Spargelstangenstücke und den Pak Choi darin 4–5 Minuten anbraten, bis alles gar ist. Den Zitronensaft zugeben und alles mit Salz und Pfeffer würzen. Auf vorgewärmten Tellern anrichten.

Die Lachssteaks vom Teller lösen und auf das Gemüse setzen. Sesamöl und restliches Erdnussöl im Wok erhitzen. Die Spargelspitzen darin 20 Sekunden schwenken. Mit Pfeffer würzen, auf dem Fisch anrichten und mit dem heißen Öl beträufeln. Sofort mit Reis servieren.

Tintenfisch süßscharf

Fisch & Meeresfrüchte

Zutaten für 4 Personen

- 2 EL Sesamöl, plus 1 TL zum Beträufeln
- 300 g küchenfertiger Tintenfisch, in feine Streifen geschnitten
- 2 rote Paprika, in dünne Streifen geschnitten
- 3 Schalotten, in dünne Ringe geschnitten
- 100 g Champignons, in dünne Scheiben geschnitten
- 1 EL Reiswein oder trockener Sherry
- 4 EL Sojasauce
- 1 TL Zucker
- 1 TL scharfe Chiliflocken
- 1 Knoblauchzehe, zerdrückt
- 1 EL geröstete Sesamsaat
- gekochter Reis, zum Servieren

So geht's

1 Esslöffel Öl im Wok erhitzen. Den Tintenfisch zugeben und 2 Minuten anbraten. Aus dem Wok nehmen und beiseitestellen.

Das restliche Öl im Wok erhitzen, Paprika und Schalotten zufügen und bei mittlerer Hitze 1 Minute anbraten. Die Pilze zugeben und weitere 2 Minuten pfannenrühren.

Tintenfisch, Reiswein, Sojasauce, Zucker, Chiliflocken sowie Knoblauch in den Wok geben und 3–4 Minuten pfannenrühren.

Mit dem gerösteten Sesam bestreuen, mit dem Sesamöl beträufeln und auf Reis servieren.

Tintenfisch mit Paprika

Fisch & Meeresfrüchte

Zutaten für 4 Personen

- 2 rote Paprika, in Würfel geschnitten
- 150 g Naturjoghurt
- 750 g küchenfertiger Tintenfisch, in Ringe geschnitten
- Saft von 1 Limette
- 110 g Kokoscreme, in Würfel geschnitten
- 150 ml heißes Wasser
- gekochter Reis, zum Servieren

Gewürzpaste

- 2 EL Pflanzen- oder Erdnussöl
- 1 EL Chiliöl mit Garnelen
- 2 Schalotten, gehackt
- 2–3 frische, große rote Chilis, entkernt und grob gehackt
- 2 EL gemahlener Koriander
- 2 EL gemahlener Kreuzkümmel
- 2,5-cm-Stück Ingwerwurzel, gehackt
- 1 EL fein gehacktes Zitronengras
- 3–4 Korianderwurzeln, gehackt
- 1 TL Salz
- 1 TL Palmzucker oder brauner Zucker

So geht's

Alle Zutaten für die Gewürzpaste in eine Küchenmaschine geben und sehr fein zerkleinern.

Die Gewürzpaste in einen Wok geben und auf kleiner Stufe 3–4 Minuten unter Rühren erhitzen. Die Paprika zugeben und 1–2 Minuten unter Rühren anbraten.

Den Joghurt zugeben und unter Rühren aufkochen. Den Tintenfisch zufügen und 2–3 Minuten köcheln lassen, dann Limettensaft, Kokoscreme und Wasser einrühren. Alles weitere 1–2 Minuten köcheln lassen, bis die Kokoscreme aufgelöst ist. Sofort mit Reis servieren.

Gemischtes Meeresfrüchtecurry

Fisch & Meeresfrüchte

Zutaten für 4 Personen

- 1 EL Pflanzen- oder Erdnussöl
- 3 Schalotten, fein gehackt
- 2,5-cm-Stück frische Galgantwurzel, geschält und in dünne Scheiben geschnitten
- 2 Knoblauchzehen, fein gehackt
- 500 ml Kokosmilch
- 2 Stängel Zitronengras, in je 2 Stücke gebrochen
- 4 EL Fischsauce
- 2 EL Chilisauce
- 250 g große rohe Garnelen, ausgelöst
- 250 g kleiner Tintenfisch, küchenfertig, in dicke Ringe geschnitten
- 250 g Lachsfilet, gehäutet und in Würfel geschnitten
- 200 g Thunfischsteak, in große Würfel geschnitten
- 250 g Miesmuscheln, gebürstet, Bärte entfernt
- frischer chinesischer Schnittlauch, zum Garnieren
- gekochter Reis, zum Servieren

So geht's

Das Öl in einem großen Wok erhitzen. Schalotten, Galgantwurzel und Knoblauch darin 1–2 Minuten weich dünsten. Kokosmilch, Zitronengras, Fisch- und Chilisauce zugeben. Aufkochen, die Hitze reduzieren und kurz köcheln lassen.

Garnelen, Tintenfisch, Lachs und Thunfisch zugeben und 3–4 Minuten mitköcheln lassen, bis sich die Garnelen rosa verfärben und der Fisch gar ist.

Die Muscheln zugeben und alles abgedeckt 1–2 Minuten köcheln lassen, bis sich die Muscheln geöffnet haben. Ungeöffnete Muscheln wegwerfen. Mit chinesischem Schnittlauch garnieren und sofort mit Reis servieren.

Garnelen mit Strohpilzen

Fisch & Meeresfrüchte

Zutaten für 4 Personen

- 2 EL Pflanzen- oder Erdnussöl
- 1 Bund Frühlingszwiebeln, gehackt
- 2 Knoblauchzehen, fein gehackt
- 175 g Kokoscreme, in Würfel geschnitten
- 2 EL rote Thai-Currypaste
- 450 ml Fischfond
- 2 EL Fischsauce
- 2 EL Sojasauce
- Thai-Basilikumblätter
- 400 g Strohpilze aus der Dose, abgetropft
- 350 g gegarte große Garnelen, ausgelöst
- gekochter Jasminreis, zum Servieren

So geht's

Das Öl in einem Wok erhitzen. Frühlingszwiebeln und Knoblauch darin unter ständigem Rühren 2–3 Minuten anbraten. Kokoscreme, Currypaste und Fond zugeben und unter Rühren erhitzen, bis die Kokoscreme vollständig aufgelöst ist.

Fisch- und Sojasauce unterrühren, dann Basilikum, Pilze und Garnelen zugeben. Unter Rühren aufkochen und sofort mit Jasminreis servieren.

Garnelen Fu Yung

Fisch & Meeresfrüchte

Zutaten für 4–6 Personen

- 1 EL Pflanzen- oder Erdnussöl
- 150 g rohe Garnelen, ausgelöst
- 4 Eier, leicht verquirlt
- 1 TL Salz
- 1 Prise weißer Pfeffer
- 2 EL fein gehackter chinesischer Schnittlauch

So geht's

Das Öl im vorgewärmten Wok erhitzen und die Garnelen darin unter Rühren braten, bis sie rosa werden.

Die Eier mit Salz und Pfeffer würzen und über die Garnelen gießen. Unter Rühren 1 Minute braten, dann alles mit dem Schnittlauch bestreuen.

Weitere 4 Minuten pfannenrühren, bis das Rührei gar, aber noch cremig ist. Sofort servieren.

Riesengarnelen in pikanter Sauce

Fisch & Meeresfrüchte

Zutaten für 4 Personen

- 3 EL Pflanzen- oder Erdnussöl
- 450 g rohe Riesengarnelen
- 2 TL fein gehackte frische Ingwerwurzel
- 1 TL fein gehackter Knoblauch
- 1 EL gehackte Frühlingszwiebel
- 2 EL Chili-Bohnen-Sauce
- 1 TL Shaoxing-Reiswein
- 1 TL Zucker
- ½ TL helle Sojasauce
- 2 EL Hühnerbrühe

So geht's

Das Öl im vorgeheizten Wok erhitzen und die Garnelen darin bei starker Hitze etwa 4 Minuten braten. Herausnehmen und beiseitestellen. Ingwer und Knoblauch im Öl unter Rühren anbraten, bis sie zu duften beginnen. Frühlingszwiebel und Chili-Bohnen-Sauce zugeben. Die Garnelen wieder hineingeben und mit der Sauce verrühren.

Die Hitze leicht reduzieren und Reiswein, Zucker, Sojasauce und Hühnerbrühe unterrühren. Abgedeckt 1 weitere Minute garen. Sofort servieren.

Garnelen in Tamarindensauce

Fisch & Meeresfrüchte

Zutaten für 2 Personen

- 350 g rohe Tigergarnelen, Kopf abgetrennt
- 1½ EL fein gehackte frische Ingwerwurzel
- 2 Schalotten, fein gehackt
- ½ frischer grüner Chili, entkernt und fein gehackt
- Erdnussöl, zum Braten
- 3 EL frisch gehackter Koriander, zum Garnieren
- frisch gekochter Reis, zum Servieren

Tamarindensauce

- 1 EL Tamarindenpaste
- 1 EL Zucker
- 2 TL Austernsauce
- 2 EL Wasser
- 1 TL Fischsauce

So geht's

Die Garnelen auslösen, die Schwanzenden dabei aber intakt lassen. Ingwer, Schalotten und Chili in einer Schale verrühren. Die Zutaten für die Sauce in einer zweiten Schale verrühren.

Einen Wok auf starker Stufe vorheizen, dann reichlich Öl hineingeben und sehr stark erhitzen. Die Garnelen dazugeben und 3–4 Minuten unter Rühren anbraten, bis sie rosa werden. Aus dem Wok nehmen und in einem Sieb abtropfen lassen.

Das Öl bis auf 2 Esslöffel aus dem Wok abgießen. Wieder stark erhitzen und die Ingwermischung 1 Minute pfannenrühren. Mit der Tamarindensauce ablöschen und kurz rühren, bis sie heiß ist. Die Garnelen wieder in den Wok geben und 1 Minute rühren, bis die Sauce leicht reduziert ist.

Die Garnelen in eine vorgewärmte Servierschale geben und mit dem Koriander bestreuen. Mit frisch gekochtem Reis servieren.

Venusmuscheln in Bohnensauce

Fisch & Meeresfrüchte

Zutaten für 4 Personen

- 900 g frische kleine Venusmuscheln, in der Schale
- 1 EL Pflanzen- oder Erdnussöl
- 1 TL fein gehackte frische Ingwerwurzel
- 1 TL fein gehackter Knoblauch
- 1 EL eingelegte schwarze Bohnen, abgespült und grob gehackt
- 2 TL Shaoxing-Reiswein
- 1 EL fein gehackte Frühlingszwiebel
- 1 TL Salz (nach Belieben)

So geht's

Die Muscheln gründlich waschen und abbürsten. Bis zur weiteren Verwendung in sauberem Wasser aufbewahren. Dann abgießen und abtropfen lassen.

Das Öl im Wok erhitzen. Ingwer und Knoblauch darin schwenken, bis sie zu duften beginnen. Die schwarzen Bohnen zugeben und 1 Minute unter Rühren braten.

Muscheln und Reiswein in den Wok geben und alles bei starker Hitze 2 Minuten pfannenrühren. Abgedeckt etwa 3 Minuten garen. Frühlingszwiebeln und je nach Belieben Salz untermischen. Sofort servieren.

Jakobsmuscheln in Bohnensauce

Fisch & Meeresfrüchte

Zutaten für 4 Personen

- 2 EL Pflanzen- oder Erdnussöl
- 1 TL fein gehackter Knoblauch
- 1 TL fein gehackte frische Ingwerwurzel
- 1 EL eingelegte schwarze Bohnen, abgespült und leicht zerdrückt
- 400 g ausgelöste Jakobsmuscheln, gesäubert
- ½ TL helle Sojasauce
- 1 TL Shaoxing-Reiswein
- 1 TL Zucker
- 3–4 frische rote Chilis, fein gehackt
- etwas Hühnerbrühe, nach Bedarf
- 1 EL fein gehackte Frühlingszwiebeln

So geht's

Das Öl im vorgeheizten Wok erhitzen. Knoblauch und Ingwer darin 1 Minute schwenken, bis sie zu duften beginnen. Dann die schwarzen Bohnen einrühren. Die Muscheln hinzugeben und 1 Minute pfannenrühren. Sojasauce, Reiswein, Zucker und Chilis unterrühren.

Die Hitze reduzieren und alles 2 Minuten köcheln lassen. Falls nötig, etwas Brühe zufügen. Die Frühlingszwiebeln unterrühren und sofort servieren.

Jakobsmuscheln mit Spargel

Fisch & Meeresfrüchte

Zutaten für 4 Personen

- 250 g ausgelöste Jakobsmuscheln, gesäubert
- 2 TL Salz
- 250 g grüner Spargel
- 3 EL Pflanzen- oder Erdnussöl
- 50 g Bambussprossen, frisch oder aus der Dose, abgespült und in dünne Scheiben geschnitten (frische Sprossen 30 Min. kochen)
- 1 kleine Karotte, in dünne Scheiben geschnitten
- 4 dünne Scheiben frische Ingwerwurzel
- 1 Prise weißer Pfeffer
- 2 EL Shaoxing-Reiswein
- 2 EL Hühnerbrühe
- 1 TL Sesamöl

So geht's

Die Muscheln mit 1 Teelöffel Salz bestreuen und etwa 20 Minuten ziehen lassen.

Den Spargel putzen und in 5 cm lange Stücke schneiden. In kochendem Wasser 45 Sekunden blanchieren. Abtropfen lassen und beiseitestellen.

Im vorgeheizten Wok 1 Esslöffel Öl erhitzen und die Muscheln darin 30 Sekunden anbraten. Abtropfen lassen und beiseitestellen.

Im Wok 1 weiteren Esslöffel Öl erhitzen und Spargel, Bambussprossen und Karotte darin 2 Minuten pfannenrühren. Mit dem restlichen Salz würzen, abtropfen lassen und beiseitestellen.

Das restliche Öl im Wok erhitzen und den Ingwer darin schwenken, bis er duftet. Zunächst Muscheln und Gemüse wieder in den Wok geben, dann Pfeffer, Reiswein und Brühe hinzugeben. Abgedeckt weitere 2 Minuten garen. Zuletzt das Sesamöl einrühren. Sofort servieren.

Jakobsmuscheln & Lachs

Fisch & Meeresfrüchte

Zutaten für 4 Personen

- 6 EL Erdnussöl
- 300 g Lachsfilet ohne Haut, in 2,5 cm große Stücke geschnitten
- 250 g ausgelöste Jakobsmuscheln, gesäubert
- 3 Karotten, in dünne Scheiben geschnitten
- 2 Selleriestangen, in 2,5 cm große Stücke geschnitten
- 2 gelbe Paprika, in dünne Streifen geschnitten
- 200 g Austernpilze, in Scheiben geschnitten
- 1 Knoblauchzehe, zerdrückt
- 6 EL frisch gehackter Koriander
- 3 Schalotten, in dünne Ringe geschnitten
- Saft von 2 Limetten
- 1 TL fein abgeriebene Limettenschale
- 1 TL Chiliflocken
- 3 EL trockener Sherry
- 3 EL Sojasauce

So geht's

Das Öl in einem großen Wok auf mittlerer Stufe erhitzen. Lachs und Jakobsmuscheln hineingeben und 3 Minuten pfannenrühren. Herausnehmen und warm halten.

Karotten, Sellerie, Paprika, Pilze und Knoblauch im Wok 3 Minuten pfannenrühren. Koriander und Schalotten zufügen und alles gut verrühren.

Limettensaft und -schale, Chiliflocken, Sherry und Sojasauce einrühren. Lachs und Jakobsmuscheln zurück in den Wok geben und 1 weitere Minute vorsichtig pfannenrühren. Sofort servieren.

Muscheln mit Limette & Chili

Fisch & Meeresfrüchte

Zutaten für 4 Personen

- 16 ausgelöste, große Jakobsmuscheln, gesäubert
- 1 EL Butter
- 1 EL Pflanzenöl
- 1 Knoblauchzehe, zerdrückt
- 1 TL geriebene frische Ingwerwurzel
- 1 Bund Frühlingszwiebeln, in feine Ringe geschnitten
- abgeriebene Schale von 1 Limette
- 3 EL Limettensaft
- 1 frischer roter Chili, fein gehackt
- Salz und Pfeffer
- Limettenspalten, zum Garnieren
- gekochter Reis, zum Servieren

So geht's

Vom Muschelfleisch die schwarzen Innereien entfernen. Waschen und mit Küchenpapier trocken tupfen. Den Rogen vom weißen Fleisch trennen und dieses jeweils waagerecht halbieren.

Butter und Öl in einem Wok erhitzen. Knoblauch, Ingwer und Frühlingszwiebeln zugeben und 1 Minute dünsten.

Die Muscheln zugeben und bei starker Hitze 4–5 Minuten unter Rühren braten. Limettenschale und -saft sowie Chili zugeben und 1 Minute mitbraten.

Die Muscheln auf einer Platte mit dem heißen Kochsud übergießen, mit Salz und Pfeffer würzen, mit Limettenspalten garnieren und mit Reis servieren.

Reis & Nudeln

Gebratener Reis mit Ei

Zutaten für 4 Personen

- 2 EL Pflanzen- oder Erdnussöl
- 350 g gekochter Reis, abgekühlt
- 1 Ei, gut verquirlt

So geht's

Das Öl im vorgeheizten Wok erhitzen und den Reis darin 1 Minute unter Rühren braten, dabei so gut wie möglich in einzelne Körner auflockern.

Das Ei rasch unterrühren, sodass die Reiskörner gleichmäßig überzogen werden und nicht mehr zusammenkleben. Sofort servieren.

Reis mit Schinken & Garnelen

Zutaten für 4 Personen

- 3 TL Pflanzen- oder Erdnussöl
- 1 Ei, leicht verquirlt
- 100 g rohe Garnelen, ausgelöst und halbiert
- 100 g Cha Siu (chinesischer Schinken), fein gehackt
- 2 EL fein gehackte Frühlingszwiebel
- 200 g gekochter Reis, abgekühlt
- 1 TL Salz

So geht's

Im vorgeheizten Wok 1 Teelöffel Öl erhitzen. Das Ei zugeben und zu einem Rührei braten. Aus dem Wok nehmen und beiseitestellen.

Das restliche Öl erhitzen und darin Garnelen, Cha Siu und Frühlingszwiebeln etwa 2 Minuten unter Rühren braten. Reis und Salz zufügen und alles 2 Minuten pfannenrühren, dabei den Reis gut auflockern. Das Rührei unterheben. Sofort servieren.

Fu Yung

Reis & Nudeln

Zutaten für 4–6 Personen

- 2 Eier
- ½ TL Salz
- 1 Prise weißer Pfeffer
- 1 TL zerlassene Butter
- 2 EL Pflanzen- oder Erdnussöl
- 1 TL fein gehackter Knoblauch
- 1 kleine Zwiebel, in feine Ringe geschnitten
- 1 grüne Paprika, in feine Streifen geschnitten
- 450 g gekochter Reis, abgekühlt
- 1 EL helle Sojasauce
- 1 EL fein gehackte Frühlingszwiebel
- 150 g Bohnensprossen
- 2 Tropfen Sesamöl

So geht's

Die Eier mit Salz und Pfeffer verquirlen. Die Butter in einer tiefen Pfanne erhitzen, die Eier hineingießen und zu einem Omelett braten. Aus der Pfanne nehmen und in Streifen schneiden.

Das Öl im vorgeheizten Wok erhitzen und den Knoblauch darin schwenken, bis er zu duften beginnt. Die Zwiebel hinzugeben und 1 Minute pfannenrühren. Die Paprika zufügen und 1 weitere Minute braten. Den Reis unterheben, kurz anbraten, dann die Sojasauce unterrühren und alles 2 Minuten garen.

Zunächst Frühlingszwiebel und Omelettstreifen, dann Bohnensprossen und Sesamöl unterheben. 1 Minute unter Rühren erhitzen. Sofort servieren.

Gemüsereis mit Ei & Zwiebeln

Reis & Nudeln

Zutaten für 4 Personen

- 4 EL Pflanzen- oder Erdnussöl
- 2 Knoblauchzehen, fein gehackt
- 2 frische rote Chilis, entkernt und gehackt
- 125 g Champignons, in Scheiben geschnitten
- 50 g Zuckererbsen, halbiert
- 50 g Babymaiskolben, halbiert
- 3 EL Sojasauce
- 1 EL Palmzucker oder brauner Zucker
- frische Thai-Basilikumblätter
- 350 g gekochter Reis, abgekühlt
- 2 Eier, verquirlt
- 2 Zwiebeln, in Ringe geschnitten

So geht's

Die Hälfte des Öls in einem Wok erhitzen. Knoblauch und Chilis darin 2–3 Minuten anbraten.

Champignons, Zuckererbsen und Mais zugeben und etwa 2–3 Minuten unter Rühren mitbraten. Sojasauce, Zucker und Basilikum unterrühren, den Reis unterheben.

Gemüse-Reis-Mischung an den Rand des Woks schieben. Die verquirlten Eier in den Wok gießen, unter Rühren etwas stocken lassen und dann mit der Gemüse-Reis-Mischung vermengen.

Das restliche Öl in einer Pfanne erhitzen und die Zwiebelringe darin knusprig braun braten. Über den gebratenen Reis geben und sofort servieren.

Hühnchen-Reis-Pfanne

Reis & Nudeln

Zutaten für 4 Personen

- ½ EL Sesamöl
- 6 Schalotten, geviertelt
- 450 g Hühnerfleisch, gekocht und gewürfelt
- 3 EL Sojasauce
- 2 Karotten, gewürfelt
- 1 Selleriestange, gewürfelt
- 1 rote Paprika, gewürfelt
- 200 g frische Erbsen, gepalt
- 100 g Maiskörner aus der Dose, abgetropft
- 300 g gekochter Langkornreis
- 2 große Eier, verquirlt

So geht's

Einen Wok auf mittlerer Stufe vorheizen, dann das Öl zugießen und erhitzen. Die Schalotten zugeben und pfannenrühren. Dann das Hühnerfleisch und 2 Esslöffel Sojasauce zugeben und 5–6 Minuten pfannenrühren.

Karotten, Sellerie, Paprika, Erbsen und Mais zugeben und alles 5 Minuten unter Rühren braten. Dann den Reis unterrühren und gut erhitzen.

Zuletzt Eier und restliche Sojasauce unterrühren. Alles gut vermengen und sofort servieren.

Variation

Sie können das Hühnchenfleisch auch durch frische Pilze oder Garnelen ersetzen.

Reis mit Tintenfisch & Fisch

Zutaten für 4 Personen

- 2 EL Pflanzen- oder Erdnussöl
- 3 Schalotten, fein gehackt
- 2 Knoblauchzehen, fein gehackt
- 250 g Jasminreis
- 350 ml Fischfond
- 4 Frühlingszwiebeln, gehackt
- 2 EL rote Thai-Currypaste
- 250 g Baby-Tintenfisch, in Stücke geschnitten
- 250 g weißfleischiges Fischfilet, gehäutet und in Würfel geschnitten
- 250 g Lachsfilet, gehäutet und in Würfel geschnitten
- 4 EL frisch gehackter Koriander

So geht's

1 Esslöffel Öl im Wok erhitzen, Schalotten und Knoblauch zufügen und 2–3 Minuten unter Rühren weich dünsten. Den Reis zugeben und 2–3 Minuten pfannenrühren.

Den Fischfond nach und nach zugießen und alles etwa 12–15 Minuten unter Rühren köcheln lassen. In eine Schüssel füllen und abkühlen lassen.

Das restliche Öl im sauberen Wok erhitzen und Frühlingszwiebeln sowie Currypaste 2–3 Minuten darin pfannenrühren. Tintenfisch und Fischfilets hinzufügen und so lange unter Rühren anbraten, bis alles gar ist. Abgekühlten Reis und Koriander einrühren und alles gut erhitzen. Sofort servieren.

Reisnudeln mit Rindfleisch

Reis & Nudeln

Zutaten für 4–6 Personen

- 250 g Rumpsteak, in feine Streifen geschnitten
- 250 g Reisbandnudeln
- 2–3 EL Pflanzen- oder Erdnussöl
- 1 kleine Zwiebel, in feine Ringe geschnitten
- 1 grüne Paprika, in feine Streifen geschnitten
- 1 rote Paprika, in feine Streifen geschnitten
- 2 EL schwarze Bohnensauce
- 2–3 EL helle Sojasauce

Marinade

- 1 EL dunkle Sojasauce
- 1 TL Shaoxing-Reiswein
- ½ TL Zucker
- ½ TL weißer Pfeffer

So geht's

Für die Marinade alle Zutaten in eine Schüssel geben und verrühren. Das Fleisch darin mindestens 20 Minuten marinieren.

Die Nudeln nach Packungsanleitung kochen. Abgießen und beiseitestellen.

Das Öl im vorgeheizten Wok erhitzen und die Fleischstreifen darin 1 Minute unter Rühren braten. Aus dem Wok nehmen, abtropfen lassen und beiseitestellen.

Überschüssiges Öl aus dem Wok abgießen. Danach Zwiebel und Paprika 1 Minute unter Rühren anbraten. Bohnen- und Sojasauce unterrühren. Dann die Nudeln unter das Gemüse heben. Mit den Rindfleischstreifen vermengen und gut erhitzen. Sofort servieren.

Scharfsaures Schweinefleisch

Reis & Nudeln

Zutaten für 4 Personen

- 50 g getrocknete Wolkenohrpilze (Mu-Err-Pilze)
- 100 g Babymaiskolben, längs halbiert
- 2 EL flüssiger Honig
- 1 EL Tamarindenpaste
- 4 EL kochendes Wasser
- 2 EL dunkle Sojasauce
- 1 EL Reisessig
- 2 EL Pflanzen- oder Maiskeimöl
- 1 große Knoblauchzehe, sehr fein gehackt
- 1-cm-Stück Ingwerwurzel, gehackt
- ½ TL getrocknete Chiliflocken
- 350 g Schweinefilet, in dünne Streifen geschnitten
- 4 Frühlingszwiebeln, schräg in dicke Scheiben geschnitten
- 1 grüne Paprika, in Streifen geschnitten
- 250 g frische chinesische Weizennudeln (Hokkien)
- frisch gehackter Koriander, zum Garnieren

So geht's

Die Pilze in eine Schüssel mit kochendem Wasser geben und 30 Minuten einweichen. Abtropfen lassen und in gleich große Stücke zerteilen. Unterdessen in einem großen Topf leicht gesalzenes Wasser aufkochen, die Maiskolben zufügen und etwa 3 Minuten blanchieren. Abgießen, mit kaltem Wasser abschrecken und beiseitestellen. Honig und Tamarindenpaste in eine Schüssel geben und unter Rühren in dem heißen Wasser auflösen. Sojasauce und Reisessig einrühren und beiseitestellen.

1 Esslöffel Öl im vorgeheizten Wok erhitzen. Knoblauch, Ingwer und Chiliflocken hinzufügen und 30 Sekunden anrösten. Das Fleisch zugeben und 2 Minuten mitbraten.

Das restliche Öl in den Wok geben und erhitzen. Frühlingszwiebeln, Paprika, Pilze, Mais sowie Tamarindenpastenmischung zufügen und unter Rühren 2–3 Minuten kochen, bis das Fleisch gar ist. Die Nudeln zugeben und die Zutaten mit zwei Gabeln vermischen. Sobald alles durchgewärmt ist, mit Koriander bestreuen.

Pad Thai

Reis & Nudeln

Zutaten für 4 Personen

- 250 g Reisbandnudeln
- 2 EL Pflanzen- oder Erdnussöl
- 2 Knoblauchzehen, gehackt
- 2 frische rote Chilis, entkernt und gehackt
- 200 g Schweinefilet, in feine Streifen geschnitten
- 125 g rohe Garnelen, ausgelöst und gehackt
- etwas chinesischer Schnittlauch, gehackt
- 2 EL Fischsauce
- Saft von 1 Limette
- 2 TL Palmzucker oder brauner Zucker
- 2 Eier, verquirlt
- 125 g Bohnensprossen
- 4 EL frisch gehackter Koriander
- 125 g ungesalzene Erdnüsse, gehackt, plus einige zusätzliche Erdnüsse, zum Servieren
- Zwiebelringe, knusprig gebraten, zum Servieren

So geht's

Die Nudeln nach Packungsanleitung kochen, abtropfen lassen und beiseitestellen.

Das Öl in einem vorgeheizten Wok erhitzen. Knoblauch, Chilis und Schweinefilet darin 2–3 Minuten anbraten. Die Garnelen zugeben und 2–3 Minuten anbraten.

Schnittlauch und Nudeln zugeben und 1–2 Minuten mitgaren. Fischsauce, Limettensaft, Zucker und Eier zugeben und alles unter Rühren weiterbraten.

Bohnensprossen, Koriander und Erdnüsse unterheben. Sofort servieren, dazu kleine Schälchen mit knusprig gebratenen Zwiebelringen und gehackten Erdnüssen reichen.

Lo Mein mit Schwein

Reis & Nudeln

Zutaten für 4–6 Personen

- 200 g mageres Schweinefleisch, in sehr feine Streifen geschnitten
- 250 g chinesische Eiernudeln
- 1½ EL Pflanzen- oder Erdnussöl
- 2 TL fein gehackter Knoblauch
- 1 TL fein gehackte frische Ingwerwurzel
- 1 Karotte, in feine Stifte geschnitten
- 250 g Champignons, in feine Scheiben geschnitten
- 1 grüne Paprika, in feine Streifen geschnitten
- 1 TL Salz
- 200 ml heiße Hühnerbrühe
- 200 g Bohnensprossen
- 2 EL fein gehackte Frühlingszwiebel

Marinade

- 1 TL helle Sojasauce
- 1 Spritzer Sesamöl
- 1 Prise weißer Pfeffer

So geht's

Für die Marinade alle Zutaten verrühren und das Fleisch darin mindestens 20 Minuten marinieren.

Die Nudeln nach Packungsanleitung kochen. Abgießen und beiseitestellen.

Im vorgeheizten Wok 1 Teelöffel Öl erhitzen. Das Fleisch darin unter Rühren ein paar Minuten braten. Herausnehmen und beiseitestellen.

Das restliche Öl im sauberen Wok erhitzen. Knoblauch und Ingwer darin schwenken, bis sie zu duften beginnen. Nacheinander Karotte, Pilze und Paprika zugeben und jeweils 1 Minute pfannenrühren. Das Schweinefleisch zusammen mit Salz und Brühe unterheben und alles gut erhitzen. Mit den Nudeln und Bohnensprossen vermengen. Mit der Frühlingszwiebel bestreuen und sofort servieren.

Chow Mein mit Rindfleisch

Reis & Nudeln

Zutaten für 4 Personen

- 300 g Rinderfilet, in feine Streifen geschnitten
- 250 g chinesische Eiernudeln
- 2 EL Pflanzen- oder Erdnussöl
- 1 Zwiebel, in feine Ringe geschnitten
- 1 grüne Paprika, in feine Streifen geschnitten
- 150 g Bohnensprossen
- 1 TL Salz
- 1 Prise Zucker
- 2 TL Shaoxing-Reiswein
- 2 EL helle Sojasauce
- 1 EL dunkle Sojasauce
- 1 EL fein gehackte Frühlingszwiebel

Marinade

- 1 TL helle Sojasauce
- 1 Spritzer Sesamöl
- ½ TL Shaoxing-Reiswein
- 1 Prise weißer Pfeffer

So geht's

Für die Marinade alle Zutaten in einer Schüssel verrühren, das Fleisch zugeben und mindestens 20 Minuten marinieren.

Die Nudeln nach Packungsanleitung kochen. Danach mit kaltem Wasser abschrecken und beiseitestellen.

Das Öl im vorgeheizten Wok erhitzen und das Rindfleisch darin etwa 1 Minute unter Rühren braten. Die Zwiebel zugeben und 1 Minute pfannenrühren, dann Paprika und Bohnensprossen unter Rühren zufügen. Salz, Zucker, Reiswein und beide Sojasaucen zufügen und alles 1 Minute pfannenrühren. Die Nudeln unterheben und 1 Minute erhitzen. Zuletzt die Frühlingszwiebel zugeben und sofort servieren.

Nudeln mit Garnelen

Reis & Nudeln

Zutaten für 4 Personen

- 250 g asiatische Reisbandnudeln
- 2 EL Pflanzenöl
- 1 kleine rote Paprika, gewürfelt
- 200 g Pak Choi, Stiele in feine Streifen geschnitten, Blätter gehackt
- 2 große Knoblauchzehen, gehackt
- 1 TL gemahlene Kurkuma
- 2 TL Garam masala
- 1 TL Chilipulver (nach Belieben)
- 2 gehäufte EL feine Erdnusscreme
- 125 ml heiße Gemüsebrühe
- 350 ml Kokosmilch
- 1 EL Sojasauce
- 300 g gekochte Riesengarnelen, ausgelöst
- 2 Frühlingszwiebeln, in Stifte geschnitten, zum Garnieren
- 1 EL Sesamsaat, zum Garnieren

So geht's

Die Nudeln in einer Schüssel mit lauwarmem Wasser bedecken und 15 Minuten quellen lassen oder nach Packungsanleitung zubereiten.

Einen Wok auf starker Stufe vorheizen, das Öl zugeben und erhitzen. Paprika, Pak-Choi-Stiele sowie Knoblauch zufügen und 3 Minuten unter Rühren anbraten. Kurkuma, Garam masala, eventuell Chilipulver und Pak-Choi-Blätter hinzugeben und 1 Minute pfannenrühren.

In einer Schale die Erdnusscreme unter Rühren in der heißen Brühe auflösen. Zusammen mit Kokosmilch und Sojasauce in den Wok gießen und 5 Minuten bei mittlerer Hitze köcheln lassen, bis die Sauce eindickt.

Die Nudeln abgießen, unter kaltem Wasser abspülen und abtropfen lassen. Mit den Garnelen in den Wok geben und unter häufigem Rühren 2–3 Minuten erhitzen.

Das Gericht mit Frühlingszwiebeln und Sesam bestreut sofort servieren.

Rindfleisch mit Eiernudeln

Reis & Nudeln

Zutaten für 4 Personen

- 6 getrocknete Wolkenohrpilze (Mu-Err-Pilze)
- 2 EL Pflanzen- oder Erdnussöl
- 450 g Rumpsteak, in Streifen geschnitten
- 1 Zwiebel, in feine Spalten geschnitten
- 2 Knoblauchzehen, gehackt
- 1 grüne Paprika, grob gehackt
- 3 Selleriestangen, in Ringe geschnitten
- 2 EL grüne Thai-Currypaste
- 300 ml Rinderbrühe
- 4 EL schwarze Bohnensauce
- 200 g chinesische Eiernudeln
- 4 EL frisch gehackte Petersilie

So geht's

Die Pilze in einer hitzebeständigen Schüssel mit kochendem Wasser bedecken und 30 Minuten einweichen. Abtropfen lassen und in gleich große Stücke zerteilen.

Das Öl in einem Wok erhitzen. Die Fleischstreifen bei starker Hitze unter Rühren anbraten. Pilze, Zwiebel, Knoblauch, Paprika und Sellerie zugeben und alles unter Rühren 3–4 Minuten braten. Currypaste, Brühe und Bohnensauce zugeben und unter Rühren weitere 2–3 Minuten garen.

Unterdessen die Nudeln nach Packungsanleitung kochen, gut abtropfen lassen, in den Wok geben und unterheben. Die Petersilie über das Gericht streuen und untermengen. Sofort servieren.

Dan Dan Mian

Reis & Nudeln

Zutaten für 4 Personen

- 1 EL Pflanzen- oder Erdnussöl
- 1 großer, getrockneter Chili, entkernt und in 3 Stücke geschnitten
- ½ TL Sichuan-Pfefferkörner
- 100 g Rinderhackfleisch
- 2 TL helle Sojasauce
- 300 g Reisnudeln
- 1 EL gehackte geröstete Erdnüsse

Sauce

- 1 EL eingelegtes Gemüse (Asia-Shop)
- ½ TL Sichuan-Pfefferkörner, leicht geröstet, zerdrückt
- 100 ml Hühnerbrühe
- 1 TL schwarzer chinesischer Essig
- 1 TL Chiliöl
- 1 TL dunkle Sojasauce
- 1 EL helle Sojasauce
- 1 EL Sesampaste
- einige Tropfen Sesamöl
- 2 Frühlingszwiebeln, fein gehackt

So geht's

Das Öl im vorgeheizten Wok erhitzen. Chili und Pfeffer darin schwenken. Das Hackfleisch zugeben und unter schnellem Rühren anbraten. Die helle Sojasauce zufügen und das Fleisch weitergaren, bis es gut gebräunt ist. Die Zutaten für die Sauce verrühren und diese auf vier Schalen verteilen.

Die Nudeln nach Packungsanleitung kochen. Abgießen, abtropfen lassen und ebenfalls auf die vier Schalen verteilen.

Die Fleischmischung darübergeben. Mit den Erdnüssen bestreuen und sofort servieren. Vor dem Verzehr gut durchrühren.

Teriyaki-Huhn mit Sesamnudeln

Reis & Nudeln

Zutaten für 4 Personen

- 4 Hähnchenbrustfilets (à 175 g)
- 4 EL fertige Teriyaki-Sauce
- Pflanzen- oder Maiskeimöl, zum Einfetten
- Salatgurkenscheiben, zum Garnieren

Sesamnudeln

- 250 g japanische Buchweizennudeln (Soba)
- 1 EL Sesamöl
- 2 EL geröstete Sesamsaat
- 2 EL frisch gehackte Petersilie
- Salz und Pfeffer

So geht's

Die Hähnchenbrustfilets mit einem Messer dreimal schräg einschneiden, in eine Form legen und mit der Teriyaki-Sauce gut einreiben. Mindestens 10 Minuten oder den ganzen Tag marinieren.

Den Backofengrill vorheizen. Die Nudeln nach Packungsanweisung garen. Abgießen und abtropfen lassen.

Den Grillrost mit etwas Öl einpinseln. Die Hähnchenbrustfilets darauflegen und nochmals mit der übrig gebliebenen Sauce aus der Form einpinseln. 15 Minuten grillen, bis beim Einstechen klarer Fleischsaft austritt. Während des Grillvorgangs immer wieder mit Sauce einpinseln.

Inzwischen für die Nudeln einen Wok bei hoher Temperatur vorheizen. Das Sesamöl zugeben und erhitzen. Die Nudeln zugeben und unter Rühren erhitzen, dann Sesamsaat und Petersilie einrühren. Mit Salz und Pfeffer abschmecken.

Das Fleisch auf vier Teller verteilen, dazu je eine Portion Nudeln geben und mit Gurkenfächern anrichten.

Yaki Soba

Reis & Nudeln

Zutaten für 2 Personen

- 400 g japanische Weizennudeln (Ramen)
- 1 Zwiebel, in dünne Ringe geschnitten
- 200 g Bohnensprossen
- 1 rote Paprika, in sehr feine Streifen geschnitten
- 1 Hähnchenbrustfilet (150 g), gekocht und in Streifen geschnitten
- 12 gegarte Garnelen ausgelöst
- 1 EL Öl
- 2 EL japanische Sojasauce (Shoyu)
- ½ EL Mirin
- 1 TL Sesamöl
- 1 TL geröstete Sesamsaat
- 2 Frühlingszwiebeln, in feine Ringe geschnitten

So geht's

Die Nudeln nach Packungsanweisung kochen, abtropfen lassen und in eine Schüssel geben.

Zwiebel, Bohnensprossen, Paprika, Fleisch und Garnelen in einer Schüssel vermischen und unter die Nudeln heben.

Den Wok auf hoher Stufe erhitzen. Das Öl hineingeben und stark erhitzen. Die Nudelmischung etwa 4 Minuten pfannenrühren, bis die Nudeln goldbraun sind. Dann Sojasauce, Mirin und Sesamöl zugeben und verrühren.

Die Nudeln auf zwei Schüsseln verteilen, mit Sesamsaat und Frühlingszwiebeln bestreuen und sofort servieren.

Vegetarische Gerichte

Chinesisches Blattgemüse

Vegetarische Gerichte

Zutaten für 4 Personen

- 1 EL Pflanzen- oder Erdnussöl
- 1 TL fein gehackter Knoblauch
- 250 g chinesisches Blattgemüse, grob gehackt
- ½ TL Salz

So geht's

Das Öl im vorgeheizten Wok erhitzen und den Knoblauch darin schwenken, bis er zu duften beginnt. Das Gemüse mit dem Salz zugeben und bei starker Hitze maximal 1 Minute pfannenrühren.

Sofort servieren.

Buschbohnen mit roter Paprika

Vegetarische Gerichte

Zutaten für 4–6 Personen

- 300 g Buschbohnen, in 6 cm lange Stücke geschnitten
- 1 EL Pflanzen- oder Erdnussöl
- 1 rote Paprika, in feine Streifen geschnitten
- 1 Prise Salz
- 1 Prise Zucker

So geht's

Die Bohnen in einem großen Topf mit kochendem Wasser 10 Minuten kochen. Abtropfen lassen.

Das Öl im vorgeheizten Wok erhitzen und die Bohnen darin bei starker Hitze 1 Minute unter Rühren braten. Die Paprikastreifen zugeben und 1 weitere Minute pfannenrühren. Mit Salz und Zucker bestreuen und servieren.

Variation

Zu diesem Gericht können Sie so viele verschiedene Gemüsesorten hinzugeben, wie Sie mögen – zum Beispiel grüne Paprika, Zuckererbsen und Karotten.

Gemüse mit frittiertem Basilikum

Vegetarische Gerichte

Zutaten für 4 Personen

- 2 EL Pflanzen- oder Erdnussöl
- 2 Knoblauchzehen, gehackt
- 1 Zwiebel, in Ringe geschnitten
- 125 g Babymaiskolben, schräg halbiert
- ½ Salatgurke, geschält, halbiert, entkernt und in Scheiben geschnitten
- 200 g Wasserkastanien aus der Dose, abgespült und abgetropft
- 50 g Zuckererbsen, geputzt
- 125 g Shiitake-Pilze
- 1 rote Paprika, entkernt, in feine Streifen geschnitten
- 1 EL Palmzucker oder brauner Zucker
- 2 EL Sojasauce
- 1 EL Fischsauce
- 1 EL Reisessig
- gekochter Reis, zum Servieren

Frittiertes Basilikum

- Pflanzen- oder Erdnussöl, zum Frittieren
- 8–12 frische Thai-Basilikumstängel

So geht's

Das Öl in einem Wok erhitzen. Knoblauch und Zwiebel darin unter Rühren 1–2 Minuten anbraten. Mais, Gurke, Wasserkastanien, Zuckererbsen, Pilze und Paprika hinzugeben und das Gemüse 2–3 Minuten unter Rühren braten, bis es gerade weich ist.

Zucker, Sojasauce, Fischsauce und Essig zugeben und unter Rühren aufkochen. 1–2 Minuten köcheln lassen.

Unterdessen reichlich Öl für das Basilikum im sauberen Wok erhitzen. Die Basilikumstängel ins heiße Öl geben und 20–30 Sekunden knusprig frittieren. Mit einem Schaumlöffel herausnehmen und auf Küchenpapier abtropfen lassen.

Das gemischte Gemüse mit dem knusprigen Basilikum garnieren und sofort servieren. Dazu den gekochten Reis reichen.

Zucchini scharfsauer

Vegetarische Gerichte

Zutaten für 4 Personen

- 2 große Zucchini, in feine Scheiben geschnitten
- 1 TL Salz
- 2 EL Erdnussöl
- 1 TL Sichuan-Pfeffer, zerstoßen
- ½–1 frischer roter Chili, entkernt und in feine Streifen geschnitten
- 1 große Knoblauchzehe, in feine Scheiben geschnitten
- ½ TL fein gehackte frische Ingwerwurzel
- 1 EL Reisessig
- 1 EL helle Sojasauce
- 2 TL Zucker
- 1 Frühlingszwiebel, in feine Ringe geschnitten
- einige Tropfen Sesamöl, zum Beträufeln
- 1 TL Sesamsaat, zum Garnieren

So geht's

Die Zucchinischeiben in ein großes Sieb geben und mit dem Salz bestreuen. Mit einem Teller bedecken und mit einem Gewicht beschweren. Etwa 20 Minuten ziehen lassen. Dann das Salz abspülen und die Scheiben auf Küchenpapier trocknen.

Einen Wok auf starker Stufe vorheizen, das Erdnussöl hinzugeben und erhitzen. Sichuan-Pfeffer, Chili, Knoblauch und Ingwer dazugeben und etwa 20 Sekunden anbraten, bis der Knoblauch Farbe annimmt.

Die Zucchinischeiben dazugeben und im Öl schwenken. Reisessig, Sojasauce und Zucker hinzufügen und 2 Minuten pfannenrühren. Die Frühlingszwiebel unterheben und 30 Sekunden braten. Das Ganze mit etwas Sesamöl beträufeln und mit dem Sesam bestreuen. Sofort servieren.

Gebratene Bohnensprossen

Vegetarische Gerichte

Zutaten für 4 Personen

- 1 EL Pflanzen- oder Erdnussöl
- 250 g frische Bohnensprossen
- 2 EL fein gehackte Frühlingszwiebel
- ½ TL Salz
- 1 Prise Zucker

So geht's

Das Öl im vorgeheizten Wok erhitzen. Bohnensprossen und Frühlingszwiebel 1 Minute unter Rühren braten. Mit Salz und Zucker würzen.

Die Sprossen in eine Servierschale füllen und sofort servieren.

Süßsaures Gemüse mit Cashews

Vegetarische Gerichte

Zutaten für 4 Personen

- 1 EL Pflanzen- oder Erdnussöl
- 1 TL Chiliöl
- 2 Zwiebeln, in Ringe geschnitten
- 2 Karotten, in dünne Scheiben geschnitten
- 2 Zucchini, in dünne Scheiben geschnitten
- 125 g Brokkoliröschen
- 125 g kleine Champignons, in Scheiben geschnitten
- 125 g kleine Pak Choi, halbiert
- 2 EL Palmzucker oder brauner Zucker
- 2 EL Sojasauce
- 1 EL Reisessig
- 50 g Cashewkerne

So geht's

Beide Ölsorten in einem Wok oder einer Pfanne erhitzen. Die Zwiebeln darin unter Rühren 1–2 Minuten leicht weich dünsten.

Karotten, Zucchini und Brokkoli zugeben und 2 Minuten unter Rühren anbraten. Champignons, Pak Choi, Zucker, Sojasauce sowie Reisessig untermengen und unter Rühren weitere 1–2 Minuten mitgaren.

Unterdessen die Cashewkerne in der Pfanne oder im Backofen ohne Fett anrösten. Das süßsaure Gemüse mit den Cashewkernen bestreuen und sofort servieren.

Brokkoli mit Zuckererbsen

Vegetarische Gerichte

Zutaten für 4 Personen

- 2 EL Pflanzen- oder Erdnussöl
- 1 Spritzer Sesamöl
- 1 Knoblauchzehe, fein gehackt
- 250 g kleine Brokkoliröschen
- 125 g Zuckererbsen, geputzt
- 250 g Chinakohl, in 1 cm breite Streifen geschnitten
- 5–6 Frühlingszwiebeln, fein gehackt
- ½ TL Salz
- 2 EL helle Sojasauce
- 1 EL Shaoxing-Reiswein
- 1 TL Sesamsaat, leicht geröstet

So geht's

Die beiden Ölsorten im vorgeheizten Wok erhitzen und den Knoblauch darin unter Rühren braten. Das Gemüse mit dem Salz in den Wok geben und bei starker Hitze etwa 3 Minuten pfannenrühren.

Sojasauce und Reiswein zugießen und alles 2 Minuten garen. Mit dem Sesam bestreuen und heiß servieren.

Brokkoli mit Erdnüssen

Vegetarische Gerichte

Zutaten für 4 Personen

- 3 EL Pflanzen- oder Erdnussöl
- 1 Stängel Zitronengras, grob gehackt
- 2 frische rote Chilis, entkernt und gehackt
- 2,5-cm-Stück Ingwerwurzel, gerieben
- 3 Kaffir-Limettenblätter, zerzupft
- 3 EL grüne Thai-Currypaste
- 1 Zwiebel, gehackt
- 1 rote Paprika, klein gewürfelt
- 350 g Brokkoli, in Röschen zerteilt
- 125 g Prinzessbohnen
- 50 g ungesalzene Erdnüsse

So geht's

2 Esslöffel Öl, Zitronengras, Chilis, Ingwer, Limettenblätter und Currypaste in der Küchenmaschine oder im Mixer zu einer Paste verarbeiten.

Einen Wok auf mittlerer Stufe vorheizen, dann das restliche Öl hineingeben und erhitzen. Würzpaste, Zwiebel und Paprika dazugeben und 2–3 Minuten unter Rühren anbraten, bis das Gemüse weich wird.

Brokkoli und Bohnen zugeben und zugedeckt bei kleiner Hitze unter gelegentlichem Rühren 7–8 Minuten dünsten, bis das Gemüse gar ist.

Unterdessen die Erdnüsse in einer Pfanne trocken rösten, bis sie leicht gebräunt sind. Über das Gemüse geben und sofort servieren.

Scharfsaurer Kohl

Vegetarische Gerichte

Zutaten für 4 Personen

- 450 g Weißkohl
- 1 EL Pflanzen- oder Erdnussöl
- 10 Sichuan-Pfefferkörner
- 3 getrocknete Chilis, grob gehackt
- ½ TL Salz
- 1 TL weißer Reisessig
- 1 Spritzer Sesamöl
- 1 Prise Zucker

So geht's

Die äußeren Blätter des Kohls entfernen. Dann den Kohl vierteln und den Strunk herausschneiden. Die Blätter in 3 cm große Stücke schneiden und voneinander lösen. Gründlich unter kaltem Wasser abspülen.

Das Öl im vorgeheizten Wok erhitzen und den Pfeffer darin schwenken, bis er zu duften beginnt. Die Chilis unterrühren. Den Kohl nach und nach mit dem Salz zugeben und 2 Minuten pfannenrühren.

Essig, Sesamöl und Zucker unterrühren und alles etwa 1 Minute rühren, bis der Kohl knackig gar ist. Sofort servieren.

Scharfe grüne Bohnen

Vegetarische Gerichte

Zutaten für 4 Personen

- 200 g grüne Bohnen, geputzt und jeweils schräg in 3–4 Stücke geschnitten
- 2 EL Pflanzen- oder Erdnussöl
- 4 getrocknete Chilis, in 2 oder 3 Stücke geschnitten
- ½ TL Sichuan-Pfefferkörner
- 1 Knoblauchzehe, in feine Scheiben geschnitten
- 6 Scheiben frische Ingwerwurzel
- 2 Frühlingszwiebeln (nur die weißen Teile), schräg in Stücke geschnitten
- 1 Prise Meersalz

So geht's

Die Bohnen in einem großen Topf mit kochendem Wasser 5 Minuten kochen. Abtropfen lassen.

Im vorgeheizten Wok 1 Esslöffel Öl erhitzen und die Bohnen darin bei geringer Hitze 5 Minuten pfannenrühren. Aus dem Wok nehmen und beiseitestellen.

Das restliche Öl im Wok erhitzen. Chilis und Pfeffer darin schwenken, bis sie zu duften beginnen. Knoblauch, Ingwer und Frühlingszwiebeln zugeben und unter Rühren braten, bis sie weich sind. Die Bohnen mit dem Salz wieder in den Wok geben, alles kurz vermengen und sofort servieren.

Auberginen in würziger Sauce

Vegetarische Gerichte

Zutaten für 4 Personen

- 150 ml Gemüsebrühe
- 2 Auberginen, geschält
- 6 EL Erdnussöl
- 2 rote Paprika, in Streifen geschnitten
- 100 g Wasserkastanien aus der Dose, abgespült, abgetropft und in Scheiben geschnitten
- 6 Frühlingszwiebeln, in Ringe geschnitten
- 2 TL fein gehackte frische Ingwerwurzel
- 1 große Knoblauchzehe, in feine Scheiben geschnitten
- 1 frischer grüner Chili, fein gehackt
- Salz und Pfeffer
- 1 TL Sesamsaat, zum Garnieren
- feine grüne Frühlingszwiebelringe und gekochter Reis, zum Servieren

Sauce

- 1½ EL Sojasauce
- 1½ EL Reisessig
- 2 TL Zucker
- 2 TL Speisestärke, mit etwas kaltem Wasser angerührt

So geht's

Für die Sauce Sojasauce, Reisessig und Zucker in einer Schale verrühren, bis sich der Zucker aufgelöst hat. Die Speisestärkepaste einarbeiten.

Die Brühe erhitzen, dann beiseitestellen. Die Auberginen längs halbieren und mit der Schnittfläche auf das Schneidebrett legen. Falls die Hälften besonders dick sind, noch einmal horizontal durchschneiden. Längs in 1 cm breite Streifen, dann quer in 4 cm lange Stücke schneiden.

Einen Wok auf starker Stufe vorheizen, 5 Esslöffel Öl hineingeben und erhitzen. Auberginen und Paprika dazugeben und 2–3 Minuten unter Rühren braten, bis das Gemüse zu bräunen beginnt. Aus dem Wok nehmen und auf Küchenpapier abtropfen lassen.

Das restliche Öl in den Wok geben und stark erhitzen. Wasserkastanien, Frühlingszwiebeln, Ingwer, Knoblauch und Chili 1 Minute rührbraten.

Auberginen und Paprika wieder in den Wok geben. Die Hitze auf mittlere Stufe reduzieren. Mit Sojasaucenmischung und Brühe ablöschen und abschmecken. 2–3 Minuten unter Rühren einkochen. Mit Sesam und Frühlingszwiebeln bestreuen. Sofort mit gekochtem Reis servieren.

Auberginen mit roter Paprika

Vegetarische Gerichte

Zutaten für 4 Personen

- 3 EL Pflanzen- oder Erdnussöl
- 1 Knoblauchzehe, fein gehackt
- 3 Auberginen, in 2,5 cm große Stücke geschnitten
- 1 TL weißer Reisessig
- 1 rote Paprika, in feine Streifen geschnitten
- 2 EL helle Sojasauce
- 1 TL Zucker
- 1 EL fein gehackte Korianderblätter, zum Garnieren

So geht's

Das Öl im vorgeheizten Wok erhitzen, dann den Knoblauch darin schwenken, bis er zu duften beginnt. Die Auberginen zugeben und 30 Sekunden unter Rühren braten. Mit dem Essig ablöschen. Die Hitze reduzieren und alles abgedeckt 5 Minuten unter gelegentlichem Rühren dünsten.

Wenn die Auberginenstücke weich sind, die Paprikastreifen zugeben. Sojasauce und Zucker unterrühren und ohne Deckel weitere 2 Minuten garen.

Den Herd ausschalten und die Auberginen 2 Minuten ruhen lassen. Dann auf einen Teller geben und mit dem Koriander garnieren. Sofort servieren.

Auberginen mit Miso

Vegetarische Gerichte

Zutaten für 4 Personen

- 2 Auberginen
- Öl, zum Braten
- 1 frischer roter Chili, in Ringe geschnitten
- 2 EL Sake
- 4 EL Mirin
- 2 EL japanische Sojasauce (Shoyu)
- 3 EL kräftiges Miso (Hatcho miso)
- 2 EL Wasser

So geht's

Die Auberginen in große Stücke schneiden.

Den Wok auf hoher Stufe erhitzen. Etwas Öl zugeben und erhitzen. Die Auberginen portionsweise jeweils 4 Minuten pfannenrühren, bis sie gebräunt und gar sind.

Alle Auberginenstücke mit den Chiliringen in den Wok geben und verrühren. Die restlichen Zutaten zugeben und alles gut vermischen. Unter Rühren garen, bis die Sauce eindickt. Sofort heiß servieren.

Auberginen-Bohnen-Curry

Vegetarische Gerichte

Zutaten für 4 Personen

- 2 EL Pflanzen- oder Erdnussöl, plus bei Bedarf etwas mehr
- 1 Zwiebel, gehackt
- 2 Knoblauchzehen, zerdrückt
- 2 frische rote Chilis, entkernt und gehackt
- 1 EL rote Thai-Currypaste
- 1 große Aubergine, in große Würfel geschnitten
- 125 g runde grüne Mini-Auberginen
- 125 g dicke Bohnen
- 125 g Fadenbohnen
- 300 ml Gemüsebrühe
- 50 g Kokoscreme, in kleine Würfel geschnitten
- 3 EL Sojasauce
- 1 TL Palmzucker oder brauner Zucker
- 3 Kaffir-Limettenblätter, grob zerzupft
- 4 EL frisch gehackter Koriander

So geht's

Das Öl in einem Wok erhitzen. Zwiebel, Knoblauch und Chilis darin 1–2 Minuten unter Rühren anbraten. Die Currypaste zugeben und 1–2 Minuten mitgaren.

Die Auberginen zugeben und 3–4 Minuten braten, bis sie gerade weich wird. Eventuell noch etwas Öl zugeben, da die Auberginenwürfel recht viel davon aufsaugen. Alle Bohnen zugeben und unter Rühren weitere 2 Minuten garen.

Brühe, Kokoscreme, Sojasauce, Zucker und Limettenblätter unterheben. Alles unter Rühren aufkochen, dann köcheln lassen, bis die Kokoscreme aufgelöst ist. Den Koriander unterrühren und das Gericht heiß servieren.

Agedashi Tofu

Vegetarische Gerichte

Zutaten für 2 Personen

- 150 ml Wasser
- 2 TL Dashi-Pulver (Asia Shop)
- 2 EL japanische Soja-sauce (Shoyu)
- 2 EL Mirin
- Pflanzenöl, zum Frittieren
- 300 g japanischer Seidentofu, auf Küchenpapier abgetropft und in 4 große Stücke geschnitten
- 2 EL Mehl
- 1 TL geriebene frische Ingwerwurzel
- 2 TL geriebener japanischer Rettich (Daikon)
- ½ TL feine Bonito-Flocken (Katsuobushi)

So geht's

Wasser und Dashi-Pulver in einen Topf geben und aufkochen. Sojasauce und Mirin zugeben und 1 Minute köcheln. Warm halten.

Den Wok vorheizen und zu einem Drittel mit Öl füllen, alternativ eine Fritteuse verwenden. Das Öl auf 180 °C erhitzen (ein Brotwürfel bräunt darin in 30 Sekunden). Unterdessen den Tofu mit dem Mehl bestäuben.

Die Tofustücke portionsweise vorsichtig ins Öl geben und so lange frittieren, bis sie goldbraun sind. Herausnehmen, auf Küchenpapier abtropfen lassen und warm halten, bis alle Tofustücke frittiert sind.

Jeweils 2 Tofustücke in eine Schale geben und die Dashi-Brühe gleichmäßig darüber verteilen. Dann mit Ingwer, Rettich und Bonito-Flocken bestreut servieren.

Grünes Gemüse mit Tofu

Vegetarische Gerichte

Zutaten für 4 Personen

- Pflanzen- oder Erdnussöl, zum Frittieren
- 250 g schnittfester Tofu, in Würfel geschnitten
- 2 EL Pflanzen- oder Erdnussöl
- 1 EL Chiliöl
- 2 frische grüne Chilis, entkernt und in Ringe geschnitten
- 2 Knoblauchzehen, zerdrückt
- 6 Frühlingszwiebeln, in Ringe geschnitten
- 2 Zucchini, in Stifte geschnitten
- ½ Salatgurke, geschält, entkernt und in Scheiben geschnitten
- 1 grüne Paprika, in Streifen geschnitten
- 1 Brokkoli, in Röschen geteilt
- 50 g Fadenbohnen, halbiert
- 50 g Erbsen, Tiefkühlware aufgetaut
- 300 ml Gemüsebrühe
- 50 g Kokoscreme, in Würfel geschnitten
- 2 EL Sojasauce
- 1 TL Palmzucker oder brauner Zucker
- 4 EL frisch gehackte Petersilie, zum Garnieren

So geht's

Reichlich Öl in einem Wok auf 180 °C erhitzen (ein Brotwürfel bräunt darin in 30 Sekunden). Die Tofuwürfel vorsichtig portionsweise hineingeben und 2–3 Minuten frittieren, bis sie goldbraun sind. Mit einem Schaumlöffel herausheben und abtropfen lassen.

Die restlichen Öle in einem Wok erhitzen und Chilis, Knoblauch und Frühlingszwiebeln darin 2–3 Minuten unter Rühren anbraten. Zucchini, Gurke, Paprika, Brokkoli und Bohnen zugeben und alles unter Rühren weitere 2–3 Minuten braten.

Erbsen, Brühe, Kokoscreme, Sojasauce sowie Zucker zugeben. Abgedeckt 2–3 Minuten köcheln lassen, bis das Gemüse weich und die Kokoscreme aufgelöst ist.

Die Tofuwürfel unterheben, das Gemüse mit der Petersilie bestreuen und sofort servieren.

Würziger Tofu

Vegetarische Gerichte

Zutaten für 6 Personen

- 250 g schnittfester Tofu, abgespült und abgetupft, in 1 cm große Würfel geschnitten
- 4 EL Erdnussöl
- 1 EL frisch geriebene Ingwerwurzel
- 3 Knoblauchzehen, zerdrückt
- 4 Frühlingszwiebeln, in dünne Ringe geschnitten
- 1 Brokkoli, in Röschen zerteilt
- 1 Karotte, in Stifte geschnitten
- 1 gelbe Paprika, in dünne Streifen geschnitten
- 250 g Shiitake-Pilze, in feine Scheiben geschnitten
- gekochter Reis, zum Servieren

Marinade

- 5 EL Gemüsebrühe
- 2 TL Speisestärke
- 2 EL helle Sojasauce
- 1 EL Zucker
- 1 Prise Chiliflocken

So geht's

Für die Marinade alle Zutaten in einer großen Schüssel vermischen. Den Tofu zugeben und gut darin wenden. 20 Minuten marinieren.

Einen Wok auf mittlerer Stufe vorheizen, 2 Esslöffel Öl zugeben und erhitzen. Den Tofu mit der Marinade darin braten, bis er knusprig braun ist. Aus dem Wok nehmen und beiseitestellen.

Das restliche Erdnussöl im Wok erhitzen. Ingwer, Knoblauch und Frühlingszwiebeln darin 30 Sekunden pfannenrühren. Brokkoli, Karotte, Paprika und Pilze in den Wok geben und 5–6 Minuten garen. Den Tofu wieder in den Wok geben und unter Rühren erhitzen. Sofort mit frisch gekochtem Reis servieren.

Bunter Gemüsesalat mit Tofu

Zutaten für 4 Personen

- 4 EL Pflanzen- oder Erdnussöl
- 250 g Tofu mit Kräutern, in Würfel geschnitten
- 1 rote Zwiebel, in Ringe geschnitten
- 4 Frühlingszwiebeln, in 5 cm lange Stücke geschnitten
- 1 Knoblauchzehe, gehackt
- 2 Karotten, in Stifte geschnitten
- 125 g Fadenbohnen, geputzt
- 1 gelbe Paprika, in Streifen geschnitten
- 125 g Brokkoliröschen
- 1 große Zucchini, in Stifte geschnitten
- 50 g Bohnensprossen
- 2 EL rote Thai-Currypaste
- 4 EL Sojasauce
- 1 EL Reisessig
- 1 TL Palmzucker oder brauner Zucker
- Thai-Basilikumblätter, plus einige mehr zum Garnieren
- 350 g Vermicelli-Nudeln

So geht's

Das Öl in einem Wok oder einer großen Pfanne erhitzen und die Tofuwürfel darin 3–4 Minuten rundum braun anbraten. Aus dem Öl nehmen und auf Küchenpapier abtropfen lassen.

Zwiebel, Frühlingszwiebeln, Knoblauch und Karotten in das heiße Öl geben und 1–2 Minuten anbraten, dann das restliche Gemüse außer den Bohnensprossen zugeben und alles 2–3 Minuten unter Rühren anbraten. Bohnensprossen, Currypaste, Sojasauce, Essig, Zucker sowie Basilikum untermengen.

Unterdessen die Nudeln nach Packungsanleitung kochen, abgießen und abtropfen lassen. In eine Servierschüssel geben.

Das Gemüse auf den Nudeln anrichten, mit den Tofuwürfeln bestreuen, nach Belieben mit etwas zusätzlichem Basilikum garnieren und servieren.

Register

leicht gemacht

In dieser Reihe erhältlich: